偉大なる
河川再生プロジェクト

ゲイリー・M・ネルソン（PMP）
絵：ラファエル・シルバ
訳：伊藤　衡

ISBN 978-0995136847

Gazzas Guides

献辞

　強い熱意と信念を持って著者の想定をはるかに超えるところまでプロジェクトキッズたちを連れて行ってくれた伊藤衡氏に本書を捧げます。

謝辞

「子育てには村が必要」ということわざがありますが、本も同じです。プロジェクトキッズアドベンチャー（PKA）シリーズの執筆及び翻訳出版の過程で多くの人の助けがありました。村人が大きな問題を解決してくれることもあります。本書の最初の草稿は、皆さんがこれから読む物語とはまるっきり違うお話でした。村人からのフィードバックのおかげでより楽しく深い話になりました。

前巻に引き続き、ラファエル・シルバが素敵なイラストを描いてくれました。ベータ版をレビューしてくれたトニー・ヴァン・クリーケンに感謝します。翻訳者の伊藤衡、イザベラ・ジョルジ、アイリス・ピンハオは、草稿を読んで 2 度もコメントしてくれました。英語版の編集をしてくれたダイアナ・リン・ラングレンにもお礼を申し上げます。皆さんのおかげで、より良い物語になりました。サンキュー、オブリガード、そして、ありがとう！英語、ボルトガル語、日本語の 3 か国語で同時出版するのはシリーズ初めてのことで、翻訳と調整にたくさんの苦労がありました。PKA 村を代表して、読者の皆さんが物語を楽しんでくれることを願っています！

ゲイリー・ネルソン，PMP
ニュージーランド　ハミルトン
2020 年 10 月

目次

1. 転校生

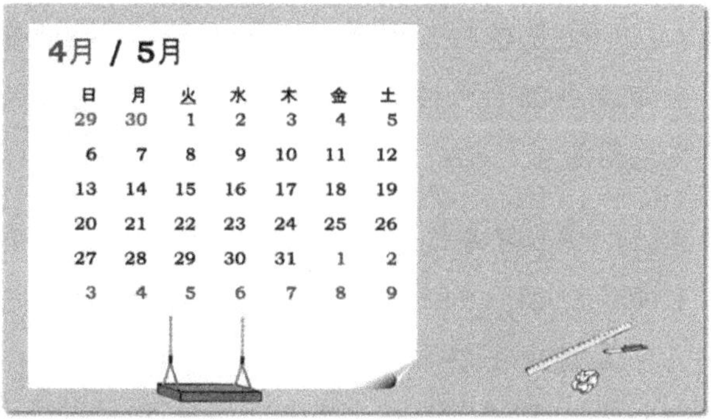

「さあ、決めてよ」アリスは言います。

「もう時間切れよ」シャーロットは床のタイルを蹴りながら言いました。

ティムは、額に汗を垂らして 2 人を交互に見ています。女の子二人は、待ちわびた顔で彼に腕を伸ばしています。シャーロットは青い目のそばかす顔、ウェーブのかかったブロンドの髪に明るい笑顔でティムにウインクしながら「ねえ、早く、簡単なことじゃない！」とせかします。アリスは茶色の目でティムを睨みながら長い黒髪をなびかせました。

「ねえ、どうするの。いつまでも待っていられないわよ。早くしないと12歳になっちゃうわ」

ティムはつばを飲み込み、二人をちらっと見てから、ポケットに手を突っ込んでうつむきました。「うーん、ぼく決められないよ」

「急がないと焼きたてのクッキーが冷めちゃうわ」シャーロットはそう言って、トレイをキッチンのテーブルに置きました。

アリスは、トレイを揺すって 2 種類のクッキーをさし出しましたが、ティムは相変わらずポケットに手を突っ込んだままです。アリスはため息をつき、シャーロットのそばにトレイを戻しました。ティムは、二人を交互に見ながら言いました。

「チョコチップとピーナッツバターはどっちもおいしいし、どちらか片方だけなんて選べないよ」

「じゃあ一個ずつ食べてもいいわよ」キッチンに来たアマンダのママは、ティムの赤い巻き毛に手を置いて言いました。

「いつも友達がいっぱい来てクッキーを食べつくしちゃうから、今回は二皿ずつ焼いたのよ。でも、ジェームズとスーザンは週末おでかけだし、ベッキーは家で宿題みたいだから足りるでしょう」

「ありがとう、ジョーンズさん、このクッキー最高！」ティムはポケットから手を出してトレイから一番大きいクッキーを選んでニヤリと笑いました。

アリスは、顔をしかめながらシャーロットに言いました。「子供よね」

シャーロットは、くすっと笑ってピーナッツバターのクッキーをとりました。「知らない、私も 2 つもらっちゃおうかな？」

アマンダのママは眉をひそめてシャーロットに言いました。「本当に？食べ過ぎじゃないの？」

シャーロットは、クッキーのかけらのついた指を舐めながら「大丈夫よ、クッキー2 つぐらい」

「正確には 4 つめじゃない？数えているわけじゃないけど」アリスは言いました。

シャーロットは首を振って「小さいやつでしょ。クッキーを食べすぎて死ぬことはないわ」

ティムはせき込んで言いました。「食べ過ぎて死ぬことはないけど君は死にかけたでしょ。肝臓に負担をかけすぎないようにゆっくり食べたほうがいいよ。チョコやクッキーには脂肪がたくさん含まれているからね。ぼく調べたんだ。それから...」

「私、太ってなんかいないわ」シャーロットはティムをにらんで、もう一つのクッキーに手を伸ばしました。

ティムは赤くなって「いや、そういう意味じゃなくて、ぼく、肝臓の働きについて調べたんだよ。肝臓は脂肪を分解するけど、一度にたくさん食べると肝臓に負担がかかるから気を付けないと、つまり... 」

シャーロットはトレイから手を戻しました。「そうね」

ティムは、赤くなってまたせきをしました。「野菜や果物を食べてから、またクッキーを食べたらいいかも。君のことが心配なんだよ、つまり...えっ」

シャーロットは、ティムを力いっぱい抱きしめてから言いました。「大丈夫よ、ティム、手術から 2 か月たって今までで一番元気だから。でも気にかけてくれて嬉しいわ。私も好きよ」

今度はアリスが赤くなりました。

ティムは、後ずさりしながら、2 人の女の子を交互に見て言いました。「いやいやいや、そうじゃなくて...」

アリスは、唇を真一文字に結んでいます。ティムは、それ以上何も言えずに、キッチンから飛び出しました。

シャーロットは、笑いながら　「子供ね！」と言って、クッキーを半分かじると粉が床に飛び散りました。アリスは、それを見ても気にせず、ティムが飛び出していった廊下を見て言いました。「本当」

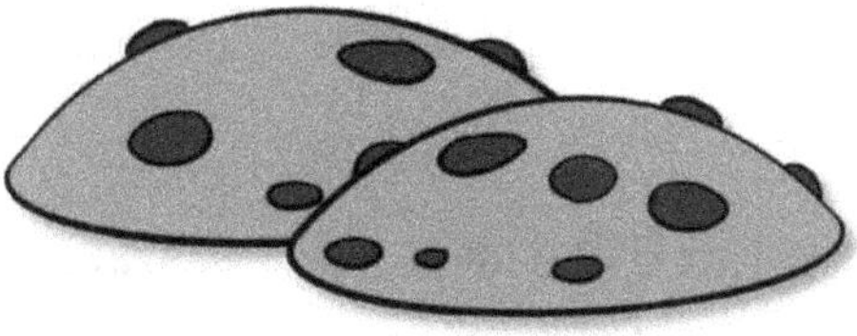

「ティムは？」アマンダがキッチンに入ってきて、トレイの上のチョコチップクッキーを選びながら尋ねました。

「行っちゃったわ。選べなかったみたい」アリスは、肩をすくめて答えました。

「そう」アマンダは、シャーロットをちらりと見てから、アリスがもう一口食べるのを見て言いました。「私はチョコチップが好き」

「私も！普通に食べられるって素敵ね」シャーロッ

トは微笑みました。

アリスは、シャーロットをちらりと見てから足元に視線をそらして言いました。「私も...あなたが元気になってうれしいわ」

「ありがとう！私もよ」シャーロットはニコリとしました。

「でも...」アリスは顔を上げました。

「でも、なに？」シャーロットは、眉をひそめます。

アリスは深呼吸してから「私、ティムのことが好きなの」

シャーロットはうなずきました。「みんなが彼のことを好きよ。いい子だもの」

「そうね...そうだ、ティムを探しに行かない？」アリスは瞬きをして言いました。

アマンダはうなずきました。「居間にはいなかったから、たぶんベンの部屋じゃないかな？」

アリスが最後尾で 3 人は廊下を歩いていきました。アマンダはベンの部屋に平気で入って行きましたが、アリスとシャーロットは扉の前で立ち止まりました。

「わぁ、すごい、ここで何が起きたの？」シャーロットは言いました。ベンの部屋は服やおもちゃが散らかって足の踏み場もない状態でした。

アマンダは、レゴを踏みつけて顔をしかめながら戻ってきました。「いつもはもっとひどいのよ、信じられる？今は誰もいないけど、こんなにゴミだらけなら人でも隠せそうね。たぶん下にいるわ」

その後 3 人は地下まで探しましたが、ティムはいませんでした。アマンダは地下室のボイラーの横を通り過ぎ、勝手口から首だけ出して裏庭を見まわしましたが誰もいません。あたたかな日差しが顔にあたって外の空気は春の香りがしました。アマンダは、ドアを閉めて言いました。「裏庭にもいないわ。公園に行ってみましょう」

アリスはうなずき、アマンダに続いて階段を上がりました。

「私、この季節が大好き。たくさんの花が咲いて、そのあと若葉が出て、暑すぎないしジャケットもいらないでしょ」シャーロットは明るいピンクの靴を履きながら言いました。

「そうね」アリスは、スニーカーの靴ひもを同じ長さになるように結びながらうなずきました。

「みんな準備はいい？」アマンダは、ドアノブをつかんで尋ねました。その時、ママが片手を後ろに隠して階段を降りてきました。「みんな外に行くの？」

「うん、ママ」アマンダは、うなずきました。

「いいわね。新鮮な空気を吸ってらっしゃい。夕食には戻るのよ。男の子たちを見つけたらこれを渡してくれる？」

アマンダは、ママからクッキーの袋を受け取りながら言いました。「ありがとう、ママ、わかったわ。でも見つからなかったら、このクッキー...」

「夕食が食べられなくなっちゃうでしょ。男の子たちならほんの数分前に公園で見かけたわよ」

「ジョーンズさん、ありがとう、クッキー美味しかったです」シャーロットは微笑みました。

「気に入ってもらえてうれしいわ。良かったらあと1つずつ食べてね」

「ありがとう！」

ママは、3人が前庭への階段を下りて行く間、ドアを開けて見送りました。「いってらっしゃい！」

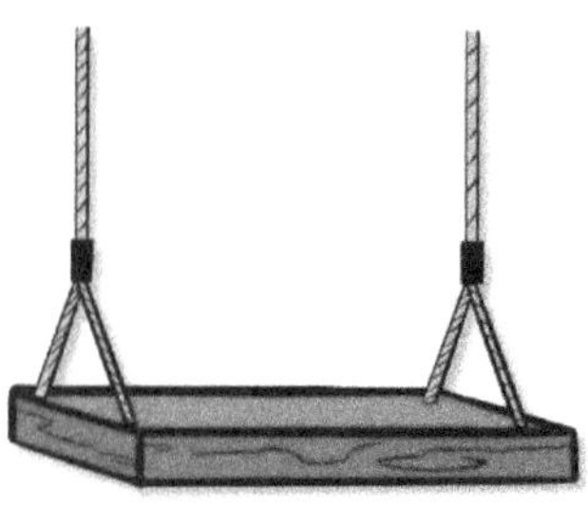

アリスは、ピーナッツバタークッキーを食べながら、公園の周りを囲っている低い木の柵をまたぎました。その時、彼女はふと疑問に思いました。「この柵って何のためにあるのかしら？簡単に乗り越えられるからフェンスの役目は果たさないし...」

そして残りのクッキーを口に放り込み、口の周りについた粉をぬぐいながら、先に行ったシャーロットとアマンダを追いかけました。

「ティムと一緒にいるのは誰？」シャーロットは、公園を指さしました。

「ベンとトムと、他にもいるわね」とアマンダ。

「たぶん新しい友達よ」シャーロットは言いました。

「ならきっと赤んぼうよ」アリスは眉をひそめます。

「変なこと言うわね」シャーロットは、えくぼを作って笑いました。アリスはしかめっ面をして脚を速めたので、シャーロットはついていくのが大変でした。アマンダはペースを落として、2人を交互に見ました。「二人ともどうしたの？」

シャーロットは、息を切らしながら肩をすくめました。「知らないわ」

アリスは、少しだけペースを落として 「別に」と言いました。

アマンダは、眉をひそめて「うーん、まあいいわ、あの子たちが誰か突き止めましょう」

「アリスは、新しい友達のはずがないって言ったわ」シャーロットは言いました。

アリスは、ため息をついて「10 歳は融通がきかないんだから」

「もうすぐ 11 歳よ、あなただって 11 でしょ」シャーロットは微笑みました。

アリスは、あきれ顔で言い返します。「もうすぐ 12 歳よ」

アマンダは、公園で楽しそうにおしゃべりをしている 5 人の男の子たちに近づきました。アマンダが咳をしても男の子たちは見て見ぬふりです。でも彼女が 10 を数えると魔法のような変化が起きました。そして、アマンダがクッキーを取り出して食らいつくと、5 人の視線がしわくちゃの紙袋に釘付けになりました。

「クッキーだ！」ベンは、そう叫んでブランコから飛び降りると、アマンダに駆け寄って手を伸ばしました。

アマンダは、紙袋を頭の上に上げて目を細めました。「あなたたちがお腹を空かしているだろうって、ママが持たせてくれたのよ。でも、どうしようかな？だいぶ失礼な態度だったわよね」

ベンは、袋に手を伸ばしながらアマンダを睨みつけました。「言いがかりはやめろ、どうせクッキーを独り占めしたいだけだろ！」

アマンダは、首を振りました。「私たちはもう十分食べたわ。まずは、紹介するのが礼儀でしょう」

ベンは瞬きをしました。「何を？」

アマンダは、ブランコを指さしました。「新しい友達をよ」

ベンは、振り返って言いました。「ああ、エディとサミーだよ。引っ越してきたばかりで今日初めて会ったんだ」

2人の男の子の背の高い方の子が近づいてきて、左手で短い髪をなでました。

「今言ったけど、彼がエドワード」ベンは、一瞬真面目な顔になり、それからまた笑顔に戻ってつけたしました。「つまり、エディだね」

エドワードはベンから目をそらし、髪から手を下ろして言いました。「エドワードね、誰もエディなんて呼ばないから。そして、あれはサミュエル」

小さい男の子がブランコから飛び降りて、アマンダたちの方に駆け寄りました。「こんにちは、ぼくサミー！」

アリスは、二人を交互に見ました。彼らは、まったく似ていません。エドワードは、髪も目も茶色で、サミュエルは、もじゃもじゃの長いブロンド髪と鋭い青い目をしていました。満面の明るい笑顔と目にはいたずらっぽさを潜ませています。

「二人は兄弟なの？」アリスは、目をパチくりしながら尋ねました。

「うん、生まれた時からずっとね」サミーは、元気にうなずきました。

「サミーじゃなくて、サミュエルだろ」エドワードは、弟をにらんで言いました。

「威張らないでよ。ママはいつも僕をサミーって呼ぶし、パパも時々おにいちゃんのことをエディって呼ぶでしょ」サミーは、そう言って舌を出しました。

「そうだけど、僕は好きじゃない」エドワードは、眉をひそめました。

「わかったわ！えっと、私はベンの姉で、アマンダ」

エドワードは、アマンダに手を差し出しました。「よろしく」

アマンダはその手を見つめ、戸惑いながら手を差し出しました。「えーと...よろしく、普段は握手なんてしないから...これって大人の挨拶じゃない?」

「正式な自己紹介はこうでしょ、友達を紹介してくれないかな?」エドワードは手を戻しながら言いました。

「二人はアリスとシャーロットよ」アマンダは照れながらいいました。

「あなた、学校はどこ?」シャーロットは、サミーに尋ねました。

「引っ越してきたばかりだから名前はわからないけど、あの学校だよ」サミーは、公園の向こう側にある小学校を指さしました。

「私たちと同じだわ!アリスや男の子たちもよ」シャーロットの顔が輝きました。

「すごい!月曜日に学校が始まる前に友達ができるなんて!」サミーも 100 ワット電球のような明るい笑顔で答えました。

アリスはうなずきました。「サミーは何歳?」

「9才と11カ月、だからもうすぐ10歳だよ」サミーは背伸びをしましたが、アマンダの脇ぐらいです。

アマンダは、サミーに微笑みました。彼の笑顔は伝染するようです。

「あなたは何歳？」アマンダは、不機嫌そうな兄に聞きました。

エドワードは、咳払いをしてから答えました。「僕は12 歳。この 1 年間ずっとね。何か月と数えるのは幼児だけだよ。13 歳は 13 歳、1 日でも早くなることはないんだから」

「ああ…、じゃあ私たちと同じ中学？」アマンダは、目をぱちくりしながら言いました。

「私たちって誰？2 人は小学生じゃないの？」エドワードは周りを見回しました。

「彼女はアリス、私はシャーロットよ、よろしく、私たちはサミーと同じ小学校よ」シャーロットは笑いをこらえながら手を差し出しました。エドワードは、シャーロットと軽く握手をしながら怪訝な顔をしました。

「よろしく。君たちが小学生ならアマンダが言っているのは誰のこと？アマンダには透明人間の友達がいるの？」

「ああ、いや。ベッキーは、今日宿題が忙しくて、スーザンとジェームズは今週末お出かけなの。でも、きっとすぐに会えるわ。スーザンとベッキーはあなたと同じで中学生、ジェームズは小学生なの」シャーロットは、笑いました。

「なるほど」エドワードは、ゆっくりとうなずきました。

「私のおにいちゃんも、ピートって言うんだけど、中学生よ。きっと、アマンダがたくさん友達を紹介してくれるわ。でしょ？アマンダ」

「ええと、うん...というか、たぶん」アマンダは頬を赤らめました。

「ありがとう」エドワードも照れくさそうに言いました。

アマンダはうなずき、シャーロットをちらっと見てから、エドワードに言いました。「じゃあ、月曜日に、またね！」

「待って」シャーロットが、アマンダの腕を引っ張りました。「クッキーを忘れている」

「あっ、そうだ...良かったらどうぞ」アマンダは、クッキーの袋を見て言いました。

「それって何でできているの？」エドワードは、怪しそうに袋を指さして言いました。

「えーと、何？クッキーだけど。ママが焼いてくれたの。レシピを見て」アマンダは目をパチクリしました。

「成分だよ？僕、食べられない物があるんだ」

「えっ、かわいそう！」シャーロットは、思わず手を口にあてました。「私も肝臓の病気だったとき、食べられないものがたくさんあったの。あなたも肝臓の病気なの？」

エドワードは頬を赤らめました。「肝臓は大丈夫だよ、ありがとう。でも僕の場合、グルテンと乳製品が食べられないんだ」

アマンダは、袋を差し出しました。「大丈夫。このクッキーには、たぶんグルテンや乳製品は含まれていないわ。使っているのは、小麦粉、ピーナッツ、バター、それとチョコレートだけだから」

エドワードは、微笑むと薄い唇の間から歯が見えました。「小麦にはグルテンが入っているし、バターは乳製品だよ。ミルクチョコレートもね。もしチョコチップに使われていればだけど。あと、ピーナッツも食べられないんだ」

「ああ、じゃあクッキーを食べられないの？」シャーロットは、驚いて尋ねました。

「ママが焼いてくれるのは食べられるよ。せっかくだけど、そのクッキーは遠慮しておくよ」エドワードは、首を振りました。

「おにいちゃんはほっといて！僕は何でも食べられるから代わりに食べるよ。すごくおいしそうな匂いがするし！」サミーは、エドワードを押しのけて微笑みました。

アマンダは、クッキーの袋を引き戻しました。「本当に？おにいちゃんがアレルギーなら君もそうかも？」

サミーは笑いました。「おにいちゃんは、アレルギーなんかじゃないよ。ピーナッツを食べないのは歯の矯正のせいだよ」

アマンダは、うなずきました。「そうなのね。でも、他のものは？」

サミーは、近くに来てささやきました。「ああ、本当は食べられるんだけど、グルテンや乳製品を食べるとおならがでて、これがめちゃくちゃ臭いんだよ！」

アリスは、思わず吹き出しました。

「サミュエル、さあもう家に帰る時間だぞ」エドワードは、真っ赤になって声を荒げました。

「でもまだ夕食の時間じゃないよ」サミーは、駄々をこねました。

「いいや、サミュエル、じゃあ、みんなまたね」エドワードは、男の子たちに挨拶をして歩き出しました。

サミーは、走ってエドワードについていきました。「もっと遊びたいよ！」

「もう帰る、遊びはおしまい」エドワードは、怒鳴りました。

シャーロットは、クッキーの袋に手を突っ込み、サミーに追いつきました。「もう一つどうぞ」

サミーは、ニコリとしました。　「ありがとう、シャーロット、また明日学校で会おうね。友達になれて嬉しかったよ」

「私もよ、サミー」シャーロットも笑顔を返しました。

「この子の名前は、サ・ミュ・エ・ルです」エドワードは振り返って憎まれ口を言い、それから足早に歩き始めました。

サミーは、エドワードに追いつこうと走りましたが、公園の端まで来ると振り返ってシャーロットに手を振りました。

シャーロットは、二人が角を曲がって見えなくなるまで後ろ姿を見ていました。「かわいそうなサミー、意地悪なお兄ちゃんね」

2. 新学期のはじまり

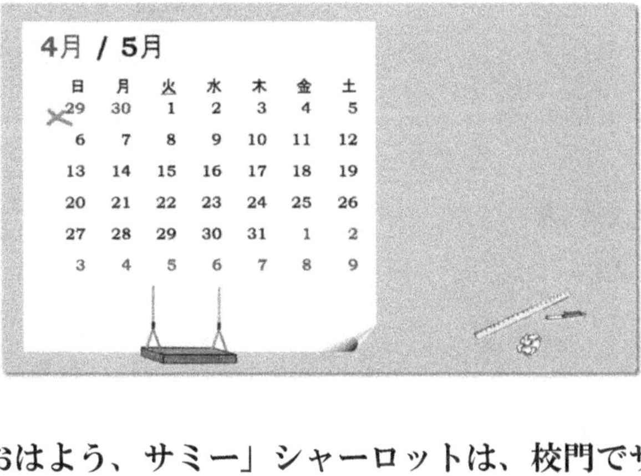

「おはよう、サミー」シャーロットは、校門でサミーに声をかけました。

「待っていてくれたの？ありがとう」サミーは、驚いた顔で言いました。

シャーロットは、サミーと手をつないで言いました。「案内してあげる。友達はあまりいないけど、紹介するわ」

サミーは、立ち止まって腕を引っぱりました。「友達少ないの？いい子なのに」

シャーロットは、首を振りました。「私、病気で死にそうだったの。ずっと家にいたから学校の友達があまりできなかったの」

「でも、今は元気そうだね。まだ病気なの？」サミーは眉をひそめました。

シャーロットは、また首を振りました。「いいえ、2か月前にアマンダたちが肝臓を手に入れてくれて、今では他の人と同じように学校に来れるようになったの。でも、まだ初めて会う子もいるわ。もちろん何人かは友だちもいるし、きっとあなたのことも好きになるわ」

「すごい！」サミーは、ニコリと笑いました。

シャーロットは、サミーの手をとり始業のベルが鳴るまで校内を案内しました。

「初日はどうだった？」サミーのパパは新聞から目を上げて言いました。

「楽しかったよ、パパ！」サミーは、パパのひざの上に飛び乗って、新聞の上から顔を出して言いました。

「詳しく話してごらん」パパは、サミーのブロンドのもじゃもじゃ髪をくるくるしながら笑いました。

「新しい友達がたくさんできたよ。先生も優しいし、シャーロットが校内を案内してくれたんだ。ひとつ上の学年だけどとても親切なんだ。あと、校庭には公園よりもたくさん遊具があるんだよ。本当にすごいんだ！」

「良い学校で本当に良かった。引っ越しは大変だったけど、サミーは馴染んでくれているようで安心したよ。エドワードの話も聞きたいから、ママにも今日のことを話しておいで」

「わかったよ、パパ！」サミーは、パパの頬にキスをして、カーペットの上に飛び降りてキッチンに駆けて行きました。

パパは、エドワードに目を向けました。「エドワードは、学校の初日はどうだった？」

エドワードは、うつむいてつぶやきました。「まあまあかな」

「本当に？そうは見えないけど。週末に会った友達とは話をしたのかい？」

エドワードは、首を振って、唇をかみしめました。「あんまり...」

パパは、エドワードを見てため息をつきました。「ごめんな、エドワード、中学生になってからの引っ越しはきついよな。サミーは、まだ小さいからいいかもしれないけど」

エドワードは、肩をすくめて、目をうるませました。

「誰かいじめっ子がいるのかい？」

「ううん」

「誰かと話したかい？」

「うん」

「先生は好き？」

「うん」

「友達を作ろうとしたの？」

「シャーロットは、アマンダが友達を紹介してくれるって...」

「シャーロット？サミーが言ってた子かい？」

「うん」

「彼女は小学生じゃないの？」

「うん、でも」

「うーん、もうちょっと頑張ってみようか？大きな学校だから慣れるまで少し時間がかかるかもしれないね。放課後に近所の子たちが何をしているか見て一緒に遊んでみたら？」

「遊びは子供がすることだろ。パパ、ぼくはパソコンをいじっているほうが好きなんだ」

パパはせきばらいをして言いました。「エドワード、おまえはまだ子供だよ。新鮮な空気の中で運動したり、人との出会いが大事なんだよ。さあ、弟を連れて外に遊びに行っておいで。夕食まで 1 時間近くあるから、それまで他の子たちと遊んでくるんだ」

「でも、パパ」

「でもはなし、頑張っておいで」

「でも、パパ、サミュエルが僕に恥をかかせるようなことを言うんだよ」

パパは、微笑みました。「それはどこの兄弟でもある問題だけど、おまえはうまくやれると信じているよ」

エドワードの頬は赤くなりました。「パパは分かっていないよ。サミュエルは会ったばかりの子たちに言ったんだよ...」

「何を言ったんだい？」

エドワードの頬はさらに赤くなりました。「僕がおならをしたって」

「したのかい？」

エドワードは、首を振りました。「その子たちがクッキーをくれようとしたから、食べられないものがあるという話をしたんだ。そしたらサミュエルが言ったんだ...」

「何て？」

エドワードの目には涙が溢れました。「僕のおならが臭いって」

「ああ」

「わかる？サミュエルがすべて台無しにしたんだよ。もう学校全体に噂が広まっているに違いないんだ」エドワードは、腕を広げてパパに訴えかけました。

パパは、真剣な顔でうなずきました。「なるほど、それは問題だな」

エドワードは、深くうなずきました。「わかってくれた？」

「わかったよ」

エドワードは、大きなため息をつきました。「じゃあ、外に遊びに行かなくてもいいよね？」

パパは、首を振りました。「いいや、行っておいで、エドワード、そんなに取り乱すようなことじゃないよ。パパだっておならぐらいするさ」

エドワードは、口を開きました。「でも、でも...」

「ママも、おばあちゃんも、みんなおならをする。エディ、さあ、サミーを連れて夕食まで外で遊んでおいで」

エドワードは、肩を落としてキッチンに向かおうとするとパパが呼び止めました。「それと、エドワード」

エドワードは、パパの気が変わったのかと期待して振り返りました。「何？パパ」

パパは、新聞越しに目と鼻をのぞかせて言いました。「楽しんでおいで。いいかい、人前でおならをしなければいいだけさ」

エドワードは、頬を真っ赤にして、バタバタと厄介な弟を探しにいきました。

3. 森への侵入

「ハーイ、サミー！」シャーロットは、滑り台の上から手を振ると、そこから勢いよく滑り降りてエドワードの目の前に着地しました。「おっと、ハーイ、エディ！」

エドワードは、頬を赤らめました。「前も行ったけど…」

「エドワードよね？」ベッキーは、うんていから飛び降りて、短パンで両手を拭きながら言いました。「今日初めて学校に来たのよね」

エドワードは、首をかしげました。「君だあれ？」

「私はベッキー。あれはスーザンと弟のジェームズよ」

エドワードは、二人に目であいさつをしましたが、人が増えるたびに居心地の悪さを感じました。公園で知っている子はシャーロットだけでしたが、小学生なので気になりません。ベッキーが自分の身体のことについて何か言うかと思いましたが、何も言いませんでした。彼は深呼吸をしてから、ベッキーに手を差し出しました。「よろしく」

ベッキーは差し出された手をしばらく見つめていましたが、ゆっくりと握り返しました。「アマンダが、ちょっと堅苦しい子だって言っていたけど確かにね」

「ハーイ、スーザンよ」スーザンは、腕組みをして言いました。

エドワードは少し顔をしかめてから手を引っ込めました。「ぼくは、エドワード」

スーザンは、目を見開いて言いました。「なんで、今日学校で会わなかったのかしら？」

エドワードは、目をぱちくりして言いました。「ああ...どこに行けば誰に会えるのかわからなかったんだ」

ベッキーは微笑みました。「明日、教えてあげるわ。私たちと一緒に来てくれるわよね。アマンダが今朝あなたを待っていたんだけど会えなかったみたいだから。会えたら、彼女が案内してくれたんだけど。

残念だけど私たちと同じクラスじゃないみたい。でも、転校っていろいろ大変でしょ？」

「そ...それはありがたいよ。前の中学よりもだいぶ大きいから、職員室や教室を見つけるために今朝は早めに登校したんだ」

スーザンは指を鳴らしました。「それで納得だわ。明日は、そんなに慌てなくて大丈夫よ。学校に着いたら私たちが会いに行くから」

エドワードは、明るい顔で言いました。「助かるよ」

「これで問題解決ね」スーザンは、うなずきました。「で、あなたの趣味ってなに？」

エドワードはまた、まばたきをしました。「趣味？」

シャーロットが尋ねます。「楽しいと思うこと、あるでしょ？」

「もちろん」

「じゃあ、どんなこと？公園は好き？」

「好きでも嫌いでもないかな？」

スーザンは眉をひそめました。「どういう意味？」

「ブランコは好きだけど」

「ねえ、これできる？」サミーがうんていに足をひっかけて、逆さまにぶら下がりながら叫びました。

「サミュエル、気をつけて！」エドワードが一歩前に出ると、サミーはニコッと笑って体を曲げ、片手でバーをつかむと両足で着地しました。

「ここの滑り台すごく大きいんだ、滑ってごらんよ！」

エドワードは首を振りました。「また今度ね」

「僕らのツリーハウスを見るかい？」ジェームズは言いました。

「それってどれくらい大きいの？」サミーは、満面の笑みで尋ねました。

ジェームズは、サミーを見下ろしました。「すごく大きいよ。5階建てで、9つの足場があって、なわばしごやマンガ部屋、ボーリング場もあるよ」

サミーは、エドワードの腕を引っ張って言いました。「すごい！ボーリング場があるの？エドワード、見に行っていい？いいよね、いいよね！」

エドワードは弟を見下ろし、ゆっくりと首を振りました。「夕食だから家に帰らないと」

サミーは、首を振りました。「まだ1時間たってないでしょ。パパはそれまで外で遊んでおいでって言っていたじゃない。ねえ、ジェームズ、今、見に行く時間ある？」

ジェームズは、サミーを見下ろし、それからエドワードの渋い顔をちらっと見ました。「ああ...うん、いいよ」

「やった！」サミーは、叫びました。

シャーロットは、公園の端に目を向けました。「えっと、夕食前に宿題しないといけないから私ぬきで行って」

サミーは、にっこり笑って言いました。「じゃあ、また明日ね」

「また明日！」シャーロットは、笑顔を返して家に向いました。

サミーはジェームズの方を向き、森を指さしました。「ツリーハウスはあっち？」

ジェームズは、うなずきました。「うん、でも僕たちから離れないでね、いいかい？」

「わかった！」サミーは、公園の端に向かって走りながら叫びました。

「仕方ないな」エドワードは、もたもたとみんなについて行きましたが、サミュエルが森の端に近づくと急いで追いかけました。「待てったら！」

エドワードは森の入口で他の子たちに追いつき、顔は紅潮させていました。「待って...ちょっと待ってよ！」彼は、息を切らして腰をかがめました。

ジェームズは、森を指差して言いました。「遠くないよ。次の雑木林を過ぎたすぐそこさ。でも、待っているからまずは息を整えて」

エドワードはうなずき、右手を腰に当てて立ち上がりました。「ありがとう、サミュエルは？」

「こっちだよ！」サミーは、スーザンの横で、木の枝に見え隠れしながら声を上げました。

「サミーは大丈夫よ。じゃあ、ツリーハウスを見に行きましょう」ベッキーは言いました。

エドワードは、みんなの後について、木々の間を抜けて、大きな木のところまでやってきました。

「わーお、すごい！」サミーは、叫びました。

ジェームズは、笑って言いました。「森の中で一番大きな木だよ」

エドワードは枝を見つめました。「ああ...上がる前に、チェックしないと」

「何をチェックするの？」ジェームズが顔をしかめました。

「安全かどうかだよ。木登りはリスクが高いからね」

「リスクって何？この木は絶対安全よ。だからここにツリーハウスを建てたの」ベッキーは言いました。

エドワードは、深く息を吸いました。「検査したかい？」

「もちろん！ベンが足を骨折した直後にね」ジェームズは笑いました。

エドワードは、驚きと恐怖で開いた口がふさがりません。「ベンは、木から落ちて足を骨折したの？それでも安全だって言うの？」

ベッキーは、微笑みました。「まあ、それは男の子たちが最初に建てた時の話ね。その時は今ほど良くなくて、ベンはかんしゃく持ちだったしね。安全検査の後に全部やり直したのよ」

エドワードは、額の汗をぬぐいました。「それで、安全検査をしたんだね。じゃあ大丈夫かな」

「本当に頑丈に作ったからね」ジェームズは、うなずきました。

「誰が安全検査をしたの？」

「僕たちの親だよ、もちろん」

エドワードは、まばたきをしました。「でも...」

ベッキーは、エドワードに一歩近づいて言いました。「何か問題でも？」

エドワードは、足を地面にこすりつけて言いました。「まあ、君たちの親はみんないい人だと思うけど...」

ベッキーは、腰に手を置いて「でも、何？エドワード？」

エドワードは、みんなの渋い顔を見ながら控えめに言いました。

「でも...彼らは...資格を持っているのかい？」

ベッキーは、あきれ顔で言いました。「キッチンや寝室が全部そろっている家とは違うのよ。たかがツリーハウスじゃない。子供がずっと昔から作ってきた！」

エドワードは、後ずさりしました。「それはそうだけど...でも...」

ジェームズは、肩をすくめました。「エドワード、ベッキーはそれ以上“でも“を聞きたくないと思うよ」

エドワードは、首を振って涙をこらえ、消えるような声で「でも、上に上がるわけだし」と言いました。

ベッキーは、うんざりして背を向けました。「とにかく下にいたければいればいいわ。私たちは自分たちで建てたツリーハウスに上るから。手すりやはしごもあって安全なんだから」

「見たい見たい！」サミーは、飛び上がりましたが、エドワードの青い顔を見ておとなしくなりました。「ぼく上っていい？」

エドワードは、太い枝から垂れ下がっているなわばしごを見て覚悟を決めました。「ええと、たぶん、ああ、十分注意するんだよ、いい？僕が見える範囲にいてね。かくれんぼはなしだよ」

「わかった、見えるところにいるよ」

エドワードは、大きくうなずきました。「僕はここで見ているからあまり高いところまで行かないでね」

サミーは、ジェームズを見上げました。「5 階まであるけど、ここからは、2 階までしか見えないよ」

エドワードは首を振りました。「だったら 2 階までだ。僕が見えるところまでだからね」

「でも、なんで？」サミーは、また駄々をこねます。

「だからおまえの安全のためだよ」

「でも、楽しみたいだけなのに！」

「見える範囲で安全に楽しめばいいだろう」

「そんなのずるい！」

エドワードは、肩をすくめました。「じゃあ、僕と一緒にここで見ているかい」

「なんで？それじゃあ、公園や家にいるのと同じじゃない！」

「じゃあ、公園に戻るか？」

「ねえ、私がサミーの面倒をみるわ」ベッキーは、エドワードの腕に手を置いて言いました。

エドワードは、彼女の手を下ろしました。「僕が保護者なんだ、兄貴だから、彼に何かあったら僕の責任なんだよ」

ベッキーは、微笑みました。「分かっているわ。私もいとこの面倒を見たことがあるからね」

エドワードは眉をひそめました。「それとは違うよ」

「いい、エドワード、木の上にいる間、私がサミーの面倒を見るって約束するわ。あなたが上りたくないって言うのならね」

エドワードは、カチンときました。「本当にいいんだね？サミュエルは、やんちゃだから、危険かもしれないよ」

「私の言うことを聞いてくれるわよね、サミー」

サミーは、激しくうなずきました。「うん、聞く聞く」

ベッキーは、ニヤリと笑いました。「ほら、もし言うことを聞かなかったら下におろすまで。その場合は、もう二度とツリーハウスには上らせない、それでいいでしょ？」

エドワードはため息をつきました。「わかった、それでいいよ」

「最初の階までは登ってみたら？」

エドワードは、首を振りました。「いや、やめとくよ。僕は、ここでしっかり地面に足をつけておくよ」

「それがお似合いね」ベッキーは、サミーのところに行って手を握りました。

「さあ、言うことをちゃんと聞いてね。いい？言うこと聞かなかったら下に下ろすからね」

「わかったよ、ベッキー」

「よし。じゃあ、なわばしごを上るのを手伝うからね」

「ぼく、自分ででできるよ」

サミーは、はしごを両手でつかんで、一番下の横木に片足を置くと、ブランコのように体から離れていきました。ベッキーは、一番下の横木に足を乗せて安定させました。

「ツリーハウスを見たければ、言う通りにするのよ」

サミーは、ため息をつきました。「はい、ベッキー」

エドワードは、サミーがなわばしごから最初の足場に移り、ロープの手すりにつかまって手を振っているのを見ました。スーザンとジェームズは、いつものように、上った後、なわばしごを巻き上げました。エドワードは、しばらくサミーの姿が見えなくなると緊張しましたが、またしばらくすると 2 階の足場の端にいる彼の頭が枝越しに見えました。

「すごいよ、エディ！」

エドワードは、首を振りました。「僕はいいよ」

ベッキーは、手すり越しにエドワードを見下ろして言いました。「心配しないで、ちゃんと面倒みるから」

その声は木の上の太い緑の枝によって吸い取られ、遠ざかっていくようで、エドワードは、枝を見上げながら緊張していました。

エドワードは、ずっと枝を見上げていたおかげで首がこわばってしまいました。しばらくして、彼は木にもたれて座ることにしました。目を閉じると、とぎれとぎれに会話の断片が上の枝から下りてくるのが聞こえます。サミュエルはベッキーといて安全だし、自分も地面にいて安全で、何も問題はない...はずでした。すると、突然枝の上から叫び声が聞こえ、エドワードはドキッとして飛び起きました。

「戻ってきなさい！」ベッキーは叫びました。

「つかまえてごらん」上のほうでサミュエルが甲高い声をあげています。

「これは遊びじゃないのよ、サミュエル！あなたの面倒見るって約束したんだから」

上のほうで枝が折れる音がして、エドワードはサミュエルが落ちてくるんじゃないかと必死に上を見上げましたが、針のような葉っぱと小枝が落ちてきただけでした。

「言うことを聞かないなら、今すぐおにいちゃんのところに戻すわよ」

「いいよ」笑い声の後、走り回って何かがはげ落ちる音がして、そのあとまた何枚か葉っぱが落ちてきました。

「サミー、やめて！はしごを使わなきゃだめよ。動かないで！」

「この方が楽しいよ。下で会おうね！」

エドワードは、葉っぱを払い落として、口に入った小枝を吐き出して叫びました。

「サミュエル、その場ですぐに止まるんだ！」

「おにいちゃんは、こなくていいよ」

「サミー、待って」ベッキーは、左上のほうから叫びました。

笑い声や枝の音から、サミーは早くも一つ下の階に降りたようでした。ベッキーが 2 階の足場に突然現れ、エドワードを見下ろして言いました。「サミーはどこ？」

エドワードは周りを見回してからベッキーに言いました。

「まだ上のどこかにいるよ。だから言ったじゃないか。言うこと聞かないって。君の責任だからな。自分でそう言っただろう？」

ベッキーは、首を振りました。「そのことは後よ、エドワード、まずはサミーを探さなきゃ、そして...」

「何、どうしたの？」エドワードは、木の上に呼びかけました。

「ああ、なんてこと、サミュエル、動いちゃだめよ。わかった？」ベッキーは、叫びました。

「見つからないよ、つかまるもんか！」

ベッキーは、深く息を吸ってゆっくりと吐き出しました。「細い枝の先にいるのが見えるわ。サミュエル、すぐにここに戻ってきて」

「やだよ、つかまえてごらん」

ベッキーは首を振りました。「危険すぎて無理よ。その枝じゃ私の体重を支えられないわ」

「だから安全じゃないって言ったんだ。サミュエル、すぐに降りておいで！」

エドワードがそう言った瞬間、枝が折れ、たくさんの針状の葉っぱと一緒にサミーはエドワードの真上に落ちてきました。エドワードが立ち上がるまで、サミーは木の後ろに隠れていました。

「言う通りにすぐに下りて来たな、サミュエル」エドワードは、恨みを込めて言いました。

ベッキーは、大急ぎでなわばしごを降りてエドワードに走り寄りました。「大丈夫？サミーは？」

「僕は大丈夫、あいつは木の後だよ」エドワードは、指をさして言いました。

ベッキーは、髪についた小枝を取りながら言いました。「あなたは左、私は右よ、一緒にサミーを捕まえるの、いい？」

エドワードはうなずき、二人が木の両側に回りこみましたが、そのときサミーは森の奥に逃げ去る姿が見えました。二人は、小さな小枝を腕や顔に当てながらサミーを追いかけました。

「戻っておいで、サミュエル、聞こえてるんだろう」エドワードは、叫びました。

ベッキーは、サミーの黄色い T シャツをちらっと見ましたが、緑の中に消えてしまいました。

その時、突然悲鳴を聞いてベッキーが立ち止まると、エドワードは後ろからぶつかって、ベッキーは葉っぱの山に顔を突っ込みました。

「もう、気をつけてよ！」ベッキーは、口から葉っぱを吐き出しながら立ち上がりました。

「ごめん、あの声はサミュエル？」エドワードは、息を切らしながら言いました。

「わからない、そうじゃなければいいんだけど」

ベッキーは、慎重に進み、エドワードも後に続きます。そして二人は急峻な崖の上で立ち止まり、エドワードはベッキーが落ちないように彼女の腕をつかみました。

「サミー、どこ？」ベッキーは必死に雑草とゴミだらけの川を見下ろしましたが、サミーの姿はどこにも見えませんでした。

4. 泥沼にはまる

「いったいどこに行ったんだ？サミュエル、サミュエル！」エドワードは、そこいら中を見まわしました。

「しっ！」ベッキーは、唇に指を当てました。

「何？」

「黙って...聞こえる？」

エドワードは、首を横に振りました。

ベッキーは、左側を指差して言いました。「向こうで何か聞こえたわ」

二人が断崖絶壁の峡谷のへりに沿って注意深く歩いていくと、草がへこんで茂みに穴の開いているところがありました。そこで誰かがすすり泣く声を聞こえます。「下にいるの、サミー？」

「うん、落っこちた」

「すぐに上がってくるんだ、サミュエル！もう鬼ごっこはおしまいだぞ」エドワードは怒鳴りました。

サミュエルは、涙顔を見上げて言いました。「できないよ」

「なぜ？」

「動けないんだ」

ベッキーは、エドワードを見ました。「下に降りていったほうがいいみたいね」

エドワードは青ざめました。「ぼ、ぼくは...できないよ」

ベッキーは、呆れて首をふりました。「二人揃って“できない”しか言えないの？役に立たないわね！ここで待ってて、二人とも動かないでね！」

エドワードは、何もできずに弟がいる崖の下を見下ろしていました。彼には責任がありました、そして今現実を見ています。ベッキーの言うことなんか聞かなければ良かった。家をでなければよかったんだ。家の中にいれば安全だったはずなのに。代わりに弟のサミュエルは崖の下で動けなくなって、このまま溺れるのか...。

「サミーはどこ?」ジェームズとスーザンが駆け寄ったとき、ベッキーはもうエドワードの足元まで下りていました。ジェームズが急峻な崖を見下ろすと、雑草の合間から、古タイヤや木箱などのゴミが突き出ていました。

「ああ」エドワードは、涙をこらえてジェームズを見ました。「サミーを助けて」

ジェームズは、エドワードを見ながらいいました。「エディ、サミーは下で動けなくなっているだけだよ。死んだわけじゃない。見て、ベッキーとスーザンと僕が下に行って彼を連れてくるから、僕らを支えて」

エドワードは静かにうなずき、涙をこらえながら手を差し出しました。

ジェームズはうなずきました。「そしたら足を曲げてもう一方の腕でその木をしっかりつかんで」

エドワードは木の横にしゃがんで、しっかりと木をつかみました。「うん」

ジェームズは、うなずきました。「さあ、スーザンをつかんで。スーザンは僕を、僕はベッキーをつかむ、そしてベッキーがサミーをつかんで引き上げるんだ。いいかい？」

「サミュエル、サミーじゃなくてサミュエル」エドワードはささやきました。

スーザンとベッキーが両手をつかむと、ジェームズは顔をゆがめました。スーザンがエドワードの腕をギュッとつかむと、指が手首に食い込み、彼の顔は恐怖でこわばりました。

「絶対放さないでね」

エドワードが覚悟を決めると急に腕が重くなりました。スーザンとジェームズに支えられてベッキーが崖の下に滑り降りるとさらに重くなりました。

「大丈夫、サミー？」ベッキーは、サミーのいるぬかるんだ沼地に滑り降りると言いました。

サミーは、鼻をすすって涙が頬を流れ落ちました。彼の下半身は泥に埋まっていました。茶色く濁った泥水が胸の下まできています。

「怖いよ」

「大丈夫よ、サミー、私を信じて」ベッキーは、無理やり笑顔をつくって言いました。

サミーはうなずき、鼻をすすります。「うん、ベッキー、ぼく…、言うことを聞かなくてごめんなさい」

ベッキーは首を横に振って「今はそのことは置いておいて、ここから脱出するわよ、いい？」

サミーは震えました。「寒いよ」

ベッキーは少しずつ近寄ると、足元の草の茂みが沈んで臭い泥が靴に入ってました。草の下にあった板がぱきっと割れると、さらに足が沈みこみました。その足を抜くとき、空いた腕を振ってバランスをとりました。ベッキーは、もう一歩を慎重に踏み出し、サミーの方へ手を伸ばしました。「手をつかんで！」

サミーは両手を伸ばし、ベッキーの手をつかみました。「いいよ」

ベッキーは、サミーの両手をつかみ、ジェームズを振り返りました。「引いて！と言ったら思いっきりひっぱって！いい？」

ジェームズはうなずき、スーザンの手をしっかりと握りました。「よし、ぼくはいいよ、エドワード、準備はいいかい？」

エドワードは、スーザンの握力にひるみながら声を上げました。「いいよ！」

ベッキーは深呼吸しました。「さあ、いい？サミー、しっかりつかまって。みんな、いい？せーの、引いて！」

その瞬間、悲鳴が峡谷に響き渡りました。サミーの手が滑り、ベッキーはジェームズの方に倒れて、古いタイヤで頭を強打したのです。

「どうしたの？」峡谷の上からエドワードが叫びました。

ベッキーは頭の後ろをさすりながら「わ...わからないわ、サミー、大丈夫？」

「もっと沈んじゃった。足も痛いよ」サミーは、べそをかきました。

ベッキーは深呼吸して、サミーに手を差し伸べました。「大丈夫よ。もっと強く引っ張ればいい」

「わかったよ。でも右足が動かないんだ」サミーは、鼻ちょうちんを出しながら言いました。

「きっと古タイヤか何かが引っかかっているだけよ」

「引っ張ると足首が痛いんだ」

ベッキーは眉をひそめました。「もっとよく調べる必要があるわね」

彼女がサミーの上に身を乗り出すと、サミーは、鼻をすすり、袖で鼻をぬぐいました。ベッキーはサミーの右足ちかくに手を突っ込んでみましたが、ぬるぬるした草と泥の感触しかありません。彼女は、サミーから 30 センチほどのところを流れる川の水で手をすすぎました。

「もっと近づかないとわからないわ」

スーザンが、腕をさらに伸ばして少し崖を滑り降りると、エドワードがうめき声を上げました。ジェームズは、少し下に降りて大きな岩の上に足をおき、腕を目いっぱい伸ばすと、ベッキーはサミーに近づきました。

「これはいったい何？」ベッキーは、首を振ってうなりました。「うーん、まだ見えない」

ジェームズは足を動かして、ベッキーをサミーに近づけようとしました。その瞬間、足が滑ってジェームズはひざまで泥に沈み込み、スーザンは悲鳴をあげました。ジェームズが離した手から目をあげると、ベッキーが川の真ん中に投げ出されていました。

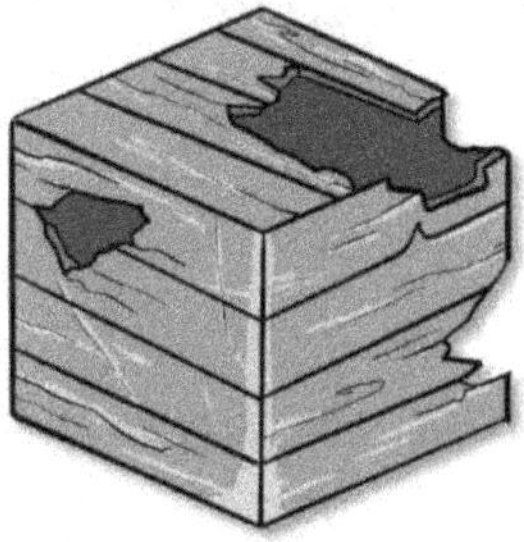

ドスン！

「なに？」ベッキーは投げ出されて、浅瀬に顔を突っ込みました。ひじは何か固くて平らなものにあたっていますが、明らかに岩ではありません。顔を上げると、水の深さはひざをついた状態でかかとのあたりまでしかありません。緑色の水草が髪にこびりついてベッキーは頭を振りました。そして、サミーの方を振り返ると、さらに深く沈んでいます。小川はあたり一面ゆるやかに流れる浅瀬で水草がシーツのように波打っています。ただ、彼女がひざと手をついたところだけ、こすれて何か茶色く平らなものが露出していました。

「なんで上にいるの？どうして沈まないの？」サミーは叫びました。

「わからないわ」

「大丈夫、ベッキー？」ジェームズは叫びました。

ベッキーは、ジェームズを振り返りました。「大丈夫よ、濡れただけ。でも、何か見つけたの」

「なにを？」

「わからないわ」

ベッキーは足首の周りを流れる水を見て、水草をさらにかきとってみました。すると、茶色の下から光沢のあるブルーの斑点が見えました。少し下流の急流になっている場所に移動すると、そこは水が斜めに流れ落ちています。

「何かわかった？」ジェームズが叫びます。

「ちょっと待って！」

ベッキーは、手で水草を押しのけて、注意深く右手を急流の端まで伸ばし、そこから見下ろすと何か黒っぽく四角いものが目に入りました。そして、その瞬間息をのみました。

「何があったの？」ジェームズは叫びます。

ベッキーは注意深く立ち上がると、下半身が沈んだサミーの上にそびえたつ塔のようでした。「私、車の上に立っている！」

「なんで川の中に車があるの？」ジェームズは尋ねました。

ベッキーは首を振ります。「わからないけど、間違いなく車よ。ここが屋根で、向こうの急流がフロントガラスよ。窓越しにバックミラーや社内の様子も見えるわ」

「サミーが抜けられないのは車のせい？」

ベッキーはサミーのそばにひざまずきました。「大丈夫？」

サミーは震えました。「寒いよ」

「また沈んだね。早く引っ張り上げないと...」ジェームズは言い淀みました。

「何？どうなるの？」スーザンは叫びました。

ベッキーは首を振りました。「おぼれたりしないわ」

「サミュエルがおぼれる？まさか！」エドワードが叫びます。

「ぼく、おぼれちゃうの？死にたくないよ」サミーは急に泣き出しました。

ベッキーは、サミーの頬に両手を当てて言いました。「大丈夫よ、溺れている人は話をしたりできないでしょ。今すぐ引っ張り出してあげるからね」

サミーは鼻をすすりました。「足が動かないんだよ」

「何がひっかかっているか調べましょう」

ベッキーは車の上から口が水につかないぎりぎりのところまで体を低くして、サミーの足のあたりの泥に手を突っ込みました。すると、何かの縁が手に触れました。指を動かすと別の固い縁に触れます。ベッキーは息を止めて顔を水につけて手を伸ばしましたがサミーの足には届きません。あきらめて手を戻そうとすると、2つの固い縁の間に手が挟まってとれません。顔はまだ水の中だったので、ベッキーはパニックになりました。幸い手を横にずらすとすぐにはずれて顔を上げることができました。ベッキーはむせて咳をしました。

「大丈夫？ぼくもそっちに行こうか？」ジェームズが言いました。

ベッキーは、首を振りました。「川の中はガラクタだらけで危険よ。サミーの足は、助手席の窓に引っかかっているみたい」

「怪我しているのかい？」エドワードが叫ぶと、サミーの目からさらに涙がこぼれました。

ベッキーは首を振って「いいえ、窓は元から開いていたみたいよ。その隙間に足が引っかかっているのよ」

「窓を割れない？」ジェームズは尋ねました。

「できるかもしれないけど、サミーも怪我をする危険があるわ。でもこのまま車の中に足を取られて引き出すことができなかったら？」

サミーは、こらえきれずにすすり泣き始めました。

ベッキーは、彼のぼさぼさ頭をかき乱しながら言いました。「サミー、心配しないで、私に考えがあるわ」

サミーは二度うなずき、落ちつこうと息を大きく吸い込みました。ベッキーはジェームズを見て言いました。

「もう少し近くにこれる？」

「やってみるよ」

数分後、エドワードは両手で木をつかみ、スーザンは腹ばいになって彼の足を持ち、下半身を峡谷に投げ出していました。ジェームズは身を乗り出してサミーの左手を握り、ベッキーは車の屋根に立ってサミーの右手をしっかり持ちました。

「よし、準備はいい？せーのでサミーをまっすぐ上に引き上げるのよ。隙間に沿って上に上げれば、足を引き出せるはずよ」

ジェームズは、うなずきました。

「いい？せーの！」

数秒間、何も起こりませんでしたが、徐々に足が隙間から上がるとともにサミーが泥から抜け始めました。ベッキーは成功を確信して、サミーに笑顔を向けました。

「もうちょっとよ」

「本当に？」

「少し動いたでしょ。足はどう？動かせそう？」

「前よりましかな」サミーは、鼻をすすりました。

「隙間に挟まった感じがなくなったら教えてね、いい？」

サミーはうなずきました。ベッキーは、深呼吸をしてゆっくりと上に引っ張りました。ジェームズももう片方の腕を引っ張って、サミーをまっすぐ上に持ち上げました。ゆっくり...ゆっくり...そして、サミーがうなずくと「スッポン」といういい音がして、サミーは二人の腕にぶら下がりました。

「ほら、抜けた！」ベッキーはそう言って笑いました。

「あ、ありがとう、べ、ベッキー」サミーは寒さで震えながら、かすかな笑いを返しました。

ベッキーはジェームズを見て言いました。「彼を峡谷の上に引き上げて、家に送っていかなきゃ。凍えているし」

「その前に、君をその車から降ろさなきゃ」

ベッキーは首を振りました。

「まずはサミーを家に連れて行って。この周りにいろんなごみがあるから、今ジャンプするとはまっちゃう危険があるわ。サミーの家に言って、誰か助けを呼んできて。待ってるから」

「ベッキーを置いていかないで、僕を助けてくれたんだよ」サミーは、ジェームズとベッキーを交互に見ました。

「後ですぐに戻るわ。だから先に家に帰って」ベッキーは、微笑みました。

「ベッキーは必ず無事に助け出すよ」ジェームズは、サミーの手を握りました。

ジェームズは、抵抗する泥だらけのサミーをスーザンとエドワードに引き渡しました。ジェームズは、ベッキーとその場に残ると言い張り、スーザンとエドワードがサミーを家に連れて帰って助けを呼ぶことになりました。そして、彼らは森の中に姿を消しました。

30 分後、心配した親たちが懐中電灯、ロープ、ツリーハウスに残っていた板を持って、峡谷の端に駆けつけました。ベッキーはそれまで、川に沈んだ車の上に立ち、足首まで水にひたり、日が暮れても辛抱強く待ち続けました。第 2 の救助活動は最初のより大変でしたが、ついに二人は峡谷の上に引き上げられ、無事森に戻ることができました。スーザンは毛布にくるまれた二人のところに駆け寄りました。

「大丈夫？」スーザンは毛布の上からベッキーの肩に手を置きました。

「おかげさまで、姉貴の弟だからね」ジェームズは、つぶやきました。

「私は大丈夫。ジェームズが足を滑らせて私を川に落とさなかったら、サミーはまだ抜け出せずに、もっとひどいことになっていたかもしれないわ。だから、ジェームズはサミーの恩人ね」

ジェームズは、まばたきをしました。「ああ...どういたしまして」

「でも、もうびしょぬれはごめんだからね。あの川、死んだ魚か生ごみみたいな臭いがするんだから」ベッキーは言いました。

「ごめん」ジェームズはあやまりました。

「いいわ。サミーはどう？」ベッキーは、スーザンに聞きました。

「きっと大丈夫よ」

「よかった」

「でも...」

「でも、何？」

「新しい靴を片方なくしちゃったんだって」

「サミーの安全が第一でしょ、それに靴はなくなっていないわ」ベッキーは、肩をすくめました。

「どういう意味？」スーザンは怪訝な顔をしました。

「どこにあるのか知っているわ」

5. 境界線の外

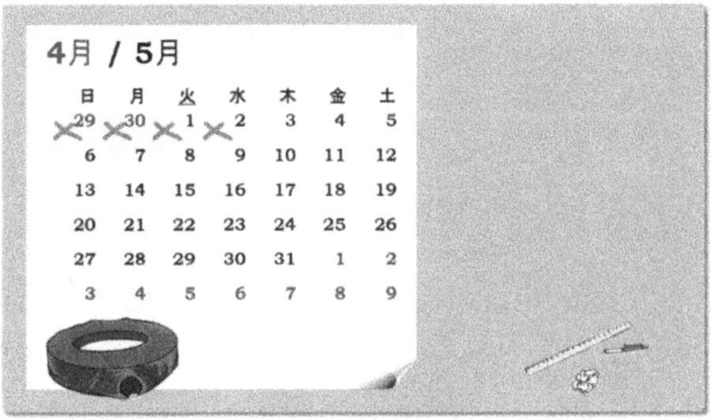

「禁止ってどういう意味？」ベンは早口で言いました。

「だから、川に入った人は全員、錆びた釘で怪我をして破傷風にならないように注射を打ったんだよ。その川にどれだけゴミがあったと思う？」ジェームズは、腕を広げました。

「だからって禁止？じゃあどこで遊べばいいのさ？ツリーハウスは川のそばじゃないのに」ベンは、文句を言いました。

「まあ、親たちを巻き込んでベッキーを助けなくちゃならなかったんだからね。君が足を折った時の安全検査よりもひどいよ」ジェームズは、ため息をつきました。

「あれはぼくのせいだけど、川は元からあったんだし、ツリーハウスはもう安全なのに」ベンは嘆きました。

「それはそうだけど...」

「だけど、なに？なぜツリーハウスで遊べないの？川の近くに行かなければいいんでしょ」

「パパたちが昨日の夜集まって、事故について話し合ったんだよ」ジェームズは、ボサボサの金髪を引っ張りました。

「で？」

「学校に集まったらしいんだけど、パパが言うには、親たちがかなり動揺していたって。サミーは死んでいたかもしれないし、ベッキーも大怪我をしていたかもしれないって」

「でも、二人とも元気だよね？ぜんぶ解決したでしょ」

ジェームズは首を振りました。「ベン、エドワードのパパは保険数理士なんだよ」

「保険...何？」ベンは、まばたきをしました。

「パパが言うには、エドワードのパパは保険会社で働いていて、リスク評価の仕事をしているんだって。僕らが川に近づくのは危険すぎるって親たちに説得したんだよ。サミーが足をはさんだ車とか、錆びた釘が入った壊れた木箱やタイヤとか、どんな有毒なゴミが捨てられているかもわからないし、危険だらけなんだよ」

「だから、簡単だって。川の近くに行かなければ済むことじゃない」

ジェームズは、顔をこすると、その指先は涙で濡れていました。「親たちのだれかが、事故のことを公衆安全リスクだとか言って市議会に報告したんだって。それで、会議に出席した親たちが、ぼくたちを森に行かせないことに同意したってわけ。もうおしまいだよ。僕らの安全が第一だから、不要不急のリスクは一切取らせないってさ」

「あんなに苦労して作ったのに、いや、作ったのはほとんど君たちだけど、でも、みんなのツリーハウスなのに」

「ごめん、ベン」

「でも、ツリーハウスに置いてあるぼくらの漫画は？」

「残り物を取りに 1 回だけいけるけど、親が一緒じゃないとダメだって」

「そんなのひどいよ！」ベンは、地団駄を踏みました。

「うん、ほんとうに」ジェームズは、鼻をすすりました。

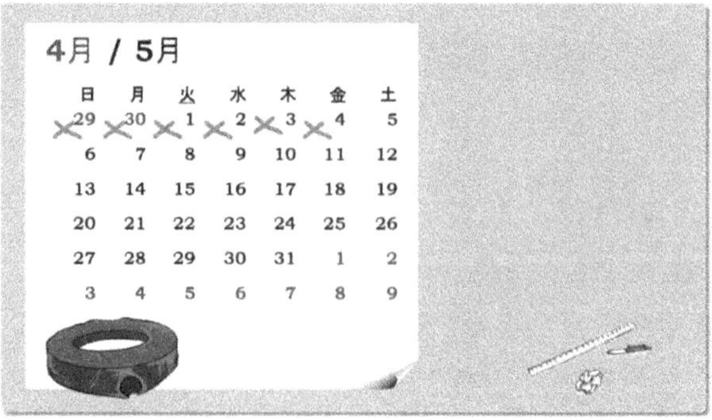

「忘れ物ない？」スーザンが小さな箱を脇に抱えてなわばしごを降りたとき、ママが言いました。

「うん、たぶん」スーザンは、しょんぼりして、木から離れました。

「じゃあもういいわね。そもそも、子供たちにツリーハウスなんて建てさせるべきではなかったんだわ、リスクについて知っていれば...」

スーザンは、大きな音で鼻をすすり、木の下で待っている仲間の方に歩いていきました。ベンとアマンダは、最後にツリーハウスから降りて、アマンダは滑車でなわばしごを手の届かないところに引き上げロープを縛りました。

「意味ないわ」アリスは、ノートを脇にはさみ、鉛筆をしっかり握りしめました。

「わかってる」トムは、ため息をつきます。

「もう、この木ともお別れか」ティムは、悲しげに枝を見上げました。

「あのチビと馬鹿な兄貴のせいだ」ベンは、仲間と合流してぼやきました。

「まだ子供なのよ。エドワードもサミーが言うことを聞かないって警告していたのに、だから私のせいよ」ベッキーはため息をつきました。

「ベッキー、あなたの責任じゃないわ、あなたはサミーを助けたのよ」アマンダは、彼女の肩に手を置きました。

「助けたとしても、その原因が自分だったら意味がないわ」ベッキーは、アマンダに背を向けました。

「ベッキー...」

ベッキーは、一人で家に向かいました。

「これからどうする？」ベッキーの姿が森に消えてからジェームズは尋ねました。

その時、アマンダのパパが言いました。「さあ、みんな帰るよ。みんなで一所懸命に作ったツリーハウスだということは知っているけど、何より安全が大事だからね」

7人の子供たちは、親より先に森の入口に向かって歩きました。ジェームズは、公園の途中で立ち止まり、他の若木より高く突き出た自分たちの木を振り返りました。エドワードのパパは、公園から森に入るところの木に、黄色と黒の立ち入り禁止のテープを張り巡らしていました。ツリーハウスとその先にある川を含む森全体が、立ち入り禁止になってしまいました。子供たちにできることは何もなかったのです。

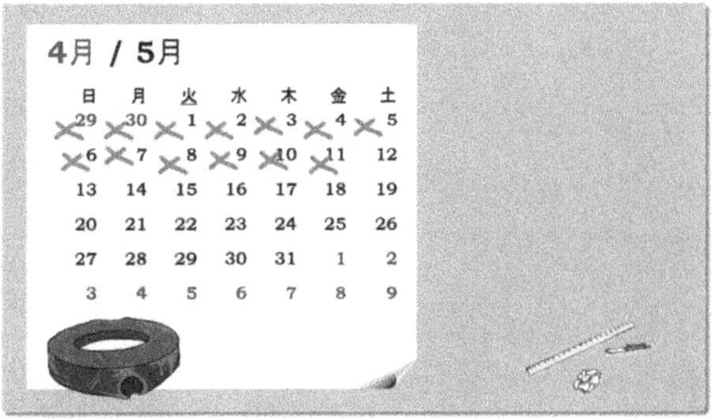

土曜日は、一日中雨でした。ベンは、ずっと居間のカーペットに座って森のほうを見つめていました。サミーが遭難した運命の月曜日からたった 12 日しかたっていないのに、もうずっと昔のことのようです。親たちがリスクの打合せをした水曜日から 10 日です。ベンは身震いしました。子供たちの学校での話題はリスクのことばかりだったのです。打合せの翌日、ベンは公園で 9 歳の子たちの会話を聞きました。

「ねえ、うんていで遊ばない？」

「いや、危いからやめとくよ、ママが頭から落ちるかもしれないって」

次の日の金曜日、ベンは、公園の友達に鬼ごっこをしようと誘いました。

「いや、転んで歯を折るかもしれないからやめとくよ」

土曜日、森が立ち入り禁止になり、ベンとジェームズが公園のブランコにのっていると、他のたくさんの子たちが心配そうに二人を見ていました。日曜日、ティムとトムも公園で一緒に遊びましたが、いつもいる他の子たちは誰も来ませんでした。

「ゾンビか何かに殺されたの？」トムは、閑散とした公園を見ながら尋ねました。

「もっと怖いよ」ベンは、ブランコを漕ぎながらうんざりした声をあげました。

「ゾンビより怖いものって何？」ティムは尋ねました。

「リスクだよ」ベンはティムを見つめました。

月曜日、前の日の夜に雨が降ったので滑るかもしれないと言って、体育の先生は、外でのジョギングを中止しました。ほとんどの生徒は喜びましたが、ベンは眉をひそめました。火曜日、シーソーで強く着地しすぎてお尻を打った子がいたので、校長先生は黄色と黒のテープを張って使用禁止にしました。リスクの恐怖は、日ごとに悪化しました。金曜日までには、遊具全部が使用禁止になり、雨でもないのに、だれも外で遊んでいませんでした。公園の遊び場もゴーストタウンのようでした。みんな怪我をするかもしれないと恐れて、外で遊びたがらなかったのです。ベンも雨の中で遊びたいわけではありませんでしたが、もし「遊びたい」と言っても、ママは「水たまりで滑って頭を打つかも」と言って許してくれなかったでしょう。だから、何もせずに家の中にこもっていたのです。

「リスクなんて！」ベンは、雨を見ながら文句を言いました。

6. リスクなんてくそくらえ

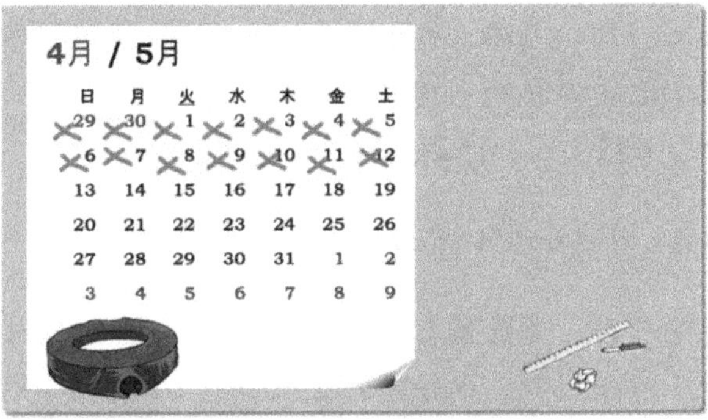

「ベン、早く、学校に遅れちゃうわよ」

月曜日の朝、アマンダは玄関前の階段の下から言いました。

「わかってる、遅刻すると、ぼくの将来の成績リスクが高まるって言うんでしょ」

ベンは、文句をいいながら靴ひもを強く引張ると先っぽがとれました。

「そんな大げさなことじゃないけど、居残りはあるかもね。夏休みまであと 2 週間よ。休み中まで学校に行きたくないでしょ？」

「もう十分ひどい目にはあったよ。どうせ、ぼくの気持ちなんかわからないだろうけどね...」

「何言っているの、ベン！みんなで建てたツリーハウスのことを私だって気にしないわけないでしょ？」
アマンダは、ベンに詰め寄りました。

「うん、わかっているけど...」

アマンダは、手を差し出して、ベンの腕をつかんで引き上げました。ベンの背丈はまだアマンダの鼻ぐらいでしたが、このところぐんぐん伸びています。
アマンダは、手を離すとベンの肩に手をおいて言いました。「いい、私も反対だわ。でも、規則だし、私たちの安全を思ってのことじゃない」

「安全になんかなりたくない。安全はつまらない」
ベンはため息をつきました。

「また骨折したいの？もっとひどいことになるかもよ？」アマンダは、ベンを見て言いました。

「そうじゃないけど、つまり...」ベンは首を振りました。

アマンダは、次の言葉を待っていました。

「面白いことは全部禁止、つまらないことだらけだよ。ウィルソン先生は、目に当たるかもしれないからって、おはじきすら取り上げたんだよ」

「一時期だけよ。すぐに慣れるわ」アマンダは微笑みました。

「慣れたくなんかないよ。前と同じがいいんだ」ベンはカバンを肩にかけました。

ベンは、始業のベルのギリギリに席に座って、カバンを席の近くに放り投げました。遅刻して居残りさせられるリスクを防ぎたかっただけで、時間を守りたかったわけではありません。彼の希望はひとつだけ、せめてもう一度だけ、いや、いつでも自由に、ツリーハウスに行くことでした。ベンは、机に前か

がみになっていました。

「ベンジャミン・ジョーンズくん、姿勢が悪いわよ。大人になって腰痛になるリスクを負いたくないでしょ？」

ウィルソン先生に言われて、ベンは慌てて姿勢を正しました。

「いいわ。みんな、今朝は特別集会でゲストスピーカーが来るから、聞き逃したらリスクよ」

ベンは、あきれてうめき声をあげました。

「ベン、なにか問題でも？」

ベンは、首を振りました。

「じゃあ、5分で集合、整列して、そこにあるベンのカバンにつまずかないようにね」

ベンは、前の子たちが先に出るのを待っている間、赤くなって下を向いていました。そして、他の子たちがつまずかないようにカバンを机の下に蹴りいれました。それから立ち上がって、前の子たちに続きました。

「全員並んだ？いいわね。じゃあ、2列で、走らないでね。集合の途中で転ばないように。もう事故はこりごりだから」

ベンは深呼吸をして、前の子に続きました。速すぎず、遅すぎず、近づきすぎず、本当にうんざりする、うんざりするほど安全です。

「リスク...なんて...くそくらえだ！」ベンは、息を殺して心の中でつぶやきました。

ベンは、木製の観覧席に座りました。最高学年は床ではなく観覧席に座れるのです。ベンはいつもはそこがお気に入りでしたが、今日はみんなから見られていて、自分の考えを見透かされているようで落ち着きませんでした。「リスクなんかばかげている」と考えているのは学校中で自分だけだと思っていたのです。ベンは、低学年の子たちが入場して体育館の床に座るのをソワソワして見ていました。赤っぽい金髪のもじゃもじゃ髪の子が目につきました。振り向くといつも笑顔のサミーでした。でも、今日はなぜか神妙な顔をしています。

「ぜんぶサミーのせいだ！」ベンは、つぶやきました。

「なに？」隣の女の子が尋ねました。

「何でもないよ、君に話したんじゃない」ベンは、冷たく言いました。

「失礼ね」女の子は呆れていました。

その子と友達にならなくても（どうせなれないでしょうが）、そんなことはベンにとってはどうでもいいことでした。最後の子が床に座ると、いつも笑顔の校長先生がステージに上がりました。でも、今日は笑っていません。

「校長先生に何かあったのかな？」ベンは、背筋を伸ばしました。

校長先生がマイクをたたくと、スピーカーから「キーン」という音がしました。そしてうなずいて、大きく息を吸うと、生徒たちは静まり返りました。何か悪いことが起きたに違いありません、とても悪いことが。校長先生は咳払いをしました。

「みなさん、今日は最近起きた出来事についての特別集会です」

ベンは目を閉じてうめきました。もうこれ以上、リスクはまっぴらごめんです。聞いていられないので、病気のふりをして早退しようかと思ったほどです。校長先生は、再びせきばらいをしました。

「今日は、みんながおそらく初めて会う人を紹介します。数週間前、この町に家族で引っ越してきて、2人のお子さんが本校に転入しました」

「だれだ？」ベンは、目を開けて見つめました。

校長先生が手招きをすると、背が高くやせ型で、髪をオールバックにして口ひげをきれいにそろえた、見たことのない紳士が遠慮がちにステージに上がりました。彼は一旦立ち止まり眼鏡に手をやり生徒たちのほうを見てから、校長先生が立っている演題に向かいました。そして握手をすると、校長先生がまた話し始めました。

「みんなも知っていると思いますが、最近ある生徒が危うく大怪我をしておぼれそうになる事件がありました」

ベンは、じっと座っているサミュエルをちらっと見ました。

「今日は、ここにいるウィルフレッド・スミス博士にリスクについてお話ししていただきます」

ベンは、うめき声をあげましたが、それが自分だけではないことに驚きました。校長先生はステージを降りて、スミス博士にマイクを譲りました。ベンは、息を大きく吸ってから止めました。そのまま気絶して病院に担ぎ込んで欲しかったのです。もうリスクについては、一言も聞きたくありませんでした。

スミス博士は、子供たちに向かって微笑みました。
「今日は集まってくれてありがとう。正直、小学生に話すのは慣れていません。こんなに大勢の人の前で話すこともありません。私はお医者さんではありません。統計分析で博士号を取ったのでドクターと呼ばれているだけです。だからもしだれかが風邪をひいていても治すことはできません」

そこで一息入れて、緊張してこわばった顔で笑いました。とまどう沈黙の中で、何百もの目が彼を見つめていました。博士は、せきばらいをしました。

「あっ、受けなかったね。失礼、えっと、今日、私がここにきた理由は、皆さんに謝るためです」

「えっ？」ベンは、一気に息を吐き出しました。

「先日の事件が一種の過剰反応を引き起こしたようです。みんなは、息子のサミーが川に落ちたことを知っているでしょう」

ささやき声が部屋の中にひろがりました。博士は、手を振ってそれを制しました。

「皆さんご存じのように、事件の後に開いた会合の結果、思わぬことが起きていることがわかりました。それについて謝らなければなりません」

「何のこと言っているの？」ベンは眉をひそめまし

た。

博士はうなずきました。「まず、誤解を解きたいのです。そのために、今日はきちんとリスクについてお話します」

不満そうな声が部屋中に広がりました。博士は、微笑んで手を挙げました。「皆さんの気持ちはわかりました。では、以前は公園に行ったり、外で遊んだりしてた子は手を挙げてくれませんか？」

すべての子が腕をまっすぐ上に挙げました。彼は、うなずきました。

「いいね。じゃあ、ここ数日、公園に行った子は？」

手を挙げた子は 3 人だけでした。博士は、悲しい微笑を浮かべました。「なるほど。どうにかしないとですね。知ってますか？外で遊んだり、公園に行ったりしないと、将来の心臓の病気になるリスクが 62.3% 増加するんですよ」

部屋中の子たちが、口を開けて彼を見つめました。観覧席にいるベンの左側の子が手を挙げました。

「質問ですか？」

その子は、うなずきました。「はい、怪我をするリスクがあると言われたので遊ぶのを止めたのに、遊ばないと病気にかかるんですか？」

博士は微笑みました。

「まあ、どちらも絶対ということではないけども、定期的に運動しないと心臓やその他の機能が弱まって健康に悪影響を与える可能性があります。だから、外に出て遊んだり、定期的に運動するのは大事なことです」

「それで、その心臓の病気になったらどうなるのですか？」

博士は、一息おいてから言いました。「まあ、最悪の場合、死ぬかもしれません」

「なら、すぐに遊ばなきゃ！」誰かが叫びました。

ひそひそ声があっという間に大声に腫れ上がりました。

「それは良い考えだけど、集会の後、先生がいいって言ってからね」博士は、微笑みました。

「それじゃあ、意味が判りません。遊ばずに遊ぶってどういうこと？遊ばなければ病気で死ぬし、遊べば怪我をする、一体どうすればいいの？」

博士は、静かになるのを待ってから答えました。「みんなは、生きているよね。怪我をすることもあるけど、そんなの滅多にあることじゃあない」

「何を言っているの？」

「つまり、私が言いたいのは...ええっと...」

博士は群衆の中にサミュエルを見つけ、サミーも父親をゆっくりと見上げました。サミーは 2 週間近くも遊んでいません。彼は、座ったまま深刻な顔で父親を見つめていました。おそらくそれは、エドワードの一番深刻な顔より、もっと真剣だったかもしれません。

博士は深く息を吸ってから言いました。「つまり、遊びを楽しんで、人生を楽しむべきだということです」

また、手が挙がりました。「でも、リスクだらけの場合、どうすればいいの？」

「ああ、それについてなら答えてあげられるかな。リスクの本当の意味について知りたい人？」

数十人の子がうなずきました。博士はせきばらいをして言いました。「よし、じゃあ、どこから始めようかな？ああ、そうだね、私の仕事は、いろいろなリスク事象の要因と発生時の影響に関する長年の研究に基づいて、リスクの確率と潜在的な結果を予測することなんだ。そして、リスクを管理するために、悪い影響を軽減し、良い結果を最大化する合理的な対策を見つけるんだよ」

いきなり難しい話が始まり部屋は静まり返りました。するとも縮れ毛の５年生が手を挙げました。

「えっと...すみません」

「はい、どうぞ」

博士はライトのまぶしさを手でよけながらその女の子を指さしました。女の子は立ち上がって言いました。

「ええと...もう少しわかりやすく話してくれませんか？」

博士は女の子を見る前に、サミーの深刻な顔をちらりと見ました。

「うん、確かに、少し難しすぎたね、ええっと、リスクについてまず言えることは、それが起こるとは限らないということです」

「良いことでも、悪いことでも？」

「その通り、人生で確かなことは何もないけど、時間をかけて観察すると、いろんな状況で何が起こりそうで何が起こらなさそうかが、だんだんわかってくるんだよ。良いことや悪いことが本当に起こるかどうかは私たち人間には判らないけど、いろんな状況で起こるかもしれないということは言えるんだ。起こるかどうかはっきりはわからないけど、起こる可能性があるとき、それを確率って言うんだ。この説明で少しはわかってもらえたかな？」

「はい、ありがとうございます」女の子は笑って座りました。

博士はほっとして微笑みました。「じゃあ、もっと聞きたい人？」

ベンは、自分が他の誰よりも勢いよく手を振っていることに驚きました。

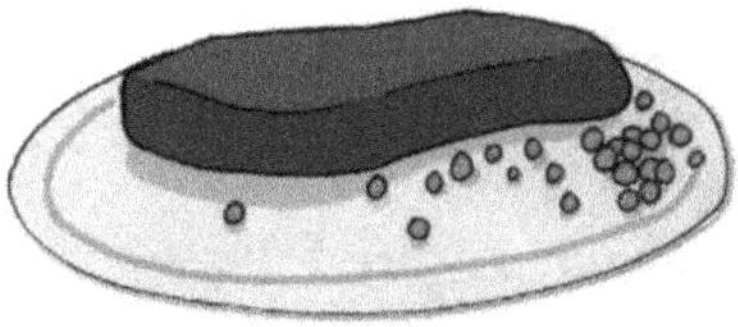

「パパ、リスクってすごいよ！サミーのパパの話を聞けばよかったのに。先生も親たちもみんな間違っていたんだ。先生が集会の後お昼まで、2時間も校庭で遊ばせてくれたんだよ！」ベンは、夕食の時、興奮していました。

アマンダは、笑いながらステーキをカットして口に入れました。

「みんな間違っていたんだね。パパも仕事のプロジェクトでリスクに対処しなきゃならないから今日の話を聞かせてよ」パパも微笑みました。

「そうね、ベン、教えて」ママは、エンドウ豆をベンのお皿に盛りながら言いました。

ベンは、フォークでエンドウ豆を刺して口に入れました。「えーとね、リスクは、起きるかもしれない悪いことで、みんなそれが起きることを前提に行動していたでしょ」

ベンは、マッシュポテトをすくって口に入れました。ママは、それを飲み込むのを待っていました。ベンは、唇をなめてからうなずきました。

「みんな悪いことばかり心配していたけど、リスクは悪いことだけじゃないんだよ。宝くじみたいに良いリスクもあるんだ。それを”機会”っていうんだって 」

「なるほど、宝くじ？」ママは、微笑みました。

「そう、宝くじを買うと当たるリスクがある」

「わからないわ、宝くじが当たるなんて滅多にないことでしょ。たぶん 4 千万に 1 つぐらいよ」

「そう、そういうことだよ。宝くじを買えば当たるかもしれないし、公園で遊べばうんていから落ちて頭を打つかもしれない。それを“確率”って言うんだって」

「まだ、わからないわ」

ベンは、フォークでマッシュポテトを円形に広げ、その一部にナイフでくさび型に切れ込みをいれ、エンドウ豆を一粒すくいあげました。

「ママ、こういうことだよ、この小さい部分が何かが起きるかもしれない可能性、そう、たとえば宝くじに当たるとか、でもそれはめったに起きないから少しのマッシュポテトで表しているんだ。そして、エンドウ豆を高いところから落としてみると、どうなるかわかるよ」

ベンは頭上高くにエンドウ豆を持ち上げて離すと、それはポテトの広い部分にポトッと落ちました。

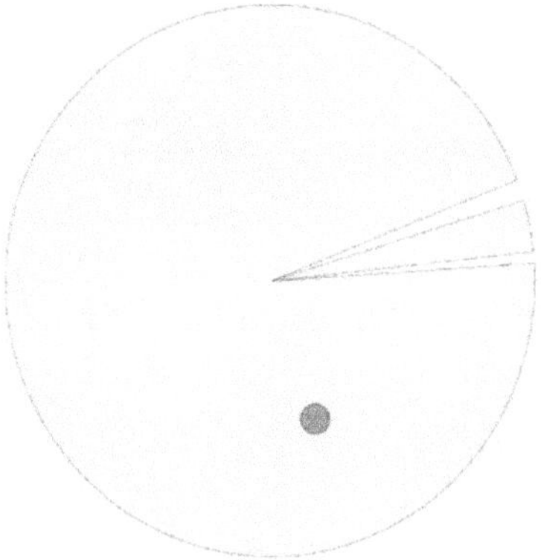

「あはは！ママ、残念ながら宝くじははずれちゃったよ」

「いいわ、それよりうんていから落ちて頭を打たなくて良かったわ。うーん、何も思い出せない、なんてことにならなくてね」

「ママ、ちゃんと聞いてよ」

「ゴメン、ゴメン、もっと教えて」

ベンは、皿のマッシュポテトを今度は四角く広げました。

「サミーのパパが言うには、リスクはひとつのできごとじゃなくて、それが起きる可能性と起きた時の影響の大きさの組み合わせなんだって」

「良い影響も悪い影響もあるのね？」ママはうなずきました。

「そう、機会とか脅威ね、そして、それは大きかったり小さかったりする、それを重大度っていうんだって」ベンはニコリとして言いました。

「すり傷は重大度が小さいけど、骨折は大きいってこと？」

「そう、そういうこと」ベンは昔の痛い経験を思い出して身震いしました。

「なるほど、続けて」ママは笑って言いました。

「オーケイ」ベンはナイフでポテトを縦横に三等分し、エンドウ豆をつまんで 9 つのマス目の 1 つに置きました。

「ポテトでマルバツでもするつもり？」ママは眉を上げました。

「違うよ、ちょっと待って」ベンは首を振り、ポテトのマス目に豆を置いていきました。

アマンダは、ベンが最後の豆を口に入れるのを黙って見ていました。

「サイコロのつもり？」ママはまた眉を上げました。

「いや、これはリスクマトリックスだよ、可能性と重大度を表にしたもので、縦軸は、豆 1 個が「まずない」、豆 2 個が「あるかも」、豆 3 個が「きっとある」という可能性を示しているんだ」

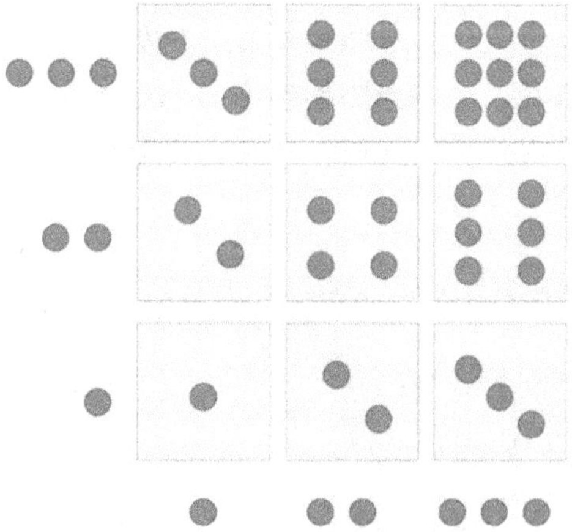

「横軸は重大度ね？」ママは皿を指さして言いました。

「うん、これもマメの数でリスクの影響を示しているんだ、左から、あまりなし、そこそこ、かなりある、で機会と脅威のどちらも表せるよ、縦横をもっと細かく分けることもできるけど、例を示すにはこれで十分でしょ」

「9つの正方形はどういう意味？」

「可能性と重大度の組み合わせを示しているんだ、たとえば、’あるかも’と’そこそこ’なら 2×2で豆4つ分のリスク」

「ポテトとお豆がぐちゃぐちゃね、全部食べるまでデザートはお預けよ、いい？」ママはうなずきました。

ベンはうんざりした顔をして「わかっているよ、でも、この升目は本当に起きることじゃなくて、あくまで起きるかもしれないリスクを分類したものだからね」

「じゃあお豆の数は少ない方が良いってこと？」

「起きて欲しくないリスクならね、もし機会なら多いほうがいいでしょ」

「なるほど、じゃあ、うんていで遊ぶ場合は？」

ベンは大きく息を吸ってから言いました。「注意して遊んでいれば事故に遭う可能性は低いし、万が一怪我をしてもかすり傷で済むでしょう、だからマメの数は1×1で1ということ」

「でも、もし悪ふざけをしたり、鉄棒が濡れていたら、手が滑って落っこちて骨折する可能性が増えるわね」アマンダが続けました。

ベンはアマンダをにらんでうなずきました。「そういうこと、かなり無謀ことをしなければ事故にはならないだろうけど、場合によってはマメ2－3個分の可能性になるかもね」

「その場合、リスク全体の大きさはお豆6—9個分にもなるわ」ママは眉をひそめました。

「だったらそもそもうんていで遊ぶべきじゃないわね」

「いや、ママ、それが問題なんだよ」

「えっ？」

ベンはため息をつきました。「ママ、簡単なことだよ、公園で遊ばなければうんていから落ちて頭を打つこともないけど、楽しみもないでしょ。何もしなければ確実に100％なにも得られないんだよ」

「宝くじを買わなければ、当選することもない」

「公園に行かなきゃ、うんていで遊ぶこともできない」

「でもけがをする可能性はあるわよね？」

「そうだけどそれは可能性にすぎない。雨が降っていたり悪ふざけをすれば滑って落ちて怪我をする可能性が高まるってことを知っていれば注意して予防できるんだ。たとえば、乾くまで待つとか、調子に乗って片手で見せびらかしたりしないとか」

「つまり事前に考える必要はあるけど、完全にやめてしまうべきではないってことね？」ママは眉を上げました。

「そういうこと、人生は楽しまないと！悪いことばかり考えて何もしないのはダメだって、最近みんながそうだったけど」

「ベン、よくわかったわ、ありがとう、じゃあ、また公園に子供たちが戻ってくるのね？」

「うん！しかも、週末には森も解放されるんだ」

「森はリスクが高すぎるんじゃない？」ママは眉をひそめました。

ベンは豆とマッシュポテトを食べながら眉を上げました。

「わかったわ」ママは微笑みました。

「本当に？」ベンは飲み込んでから言いました。

「ええ、子供が怪我をするリスクはあるけど、注意して、サミュエルのように細い枝に登るとか危険なことさえしなければその可能性は低いってことよね」

「そう、安全に行動していれば怪我をすることはまずないよ」

パパもうなずきました。「それを聞いて安心したよ、森の閉鎖はやりすぎだったね、ベンが足を骨折してから事故が起きなかったのは、新しいツリーハウスが十分頑丈だと確認したからだけど...」

「安全性もね」アマンダが割り込みました。

「うん、でももっと大事なのは、君たちがツリーハウスを使う時、安全に十分注意していたってことだね」パパはうなずきました。

「でもサミーは注意しなかった、それがすべての原因だよ」ベンは言いました。

「そうだね、サミーも今回で懲りただろう。でも、彼はしばらくツリーハウスには行かないほうがいい。他の子も川までは行っちゃだめだよ。いいね？」パパは、真剣な顔で言いました。

「はい、パパ」アマンダとベンは、一緒にうなずきました。

「ところ、アマンダは今日、学校で何があったんだい？」

「ベンが全部話してくれたわ。サミーのパパは、小学校の後に中学校にも来て同じ話をしてくれたの。明日の夜の集会で、親にも話をしてくれるそうよ。絶対行ってね」アマンダは、ベンにウインクをしました。

「でも、ベンが話してくれたじゃないか」

「でもそれは、私たちが理解できる子供向けの話よ。大人にはもっと詳しい話をしてくれるはずよ。それを聞かないなんてリスクだわ。サミーのパパは、とても話が上手なんだから」アマンダは、微笑みました。

7. ぼくらのモノ

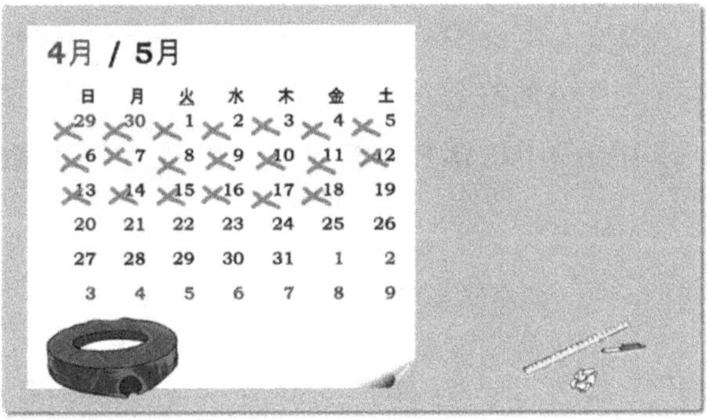

土曜日の午前 9 時に始まるテープカットのため、15 分前には 100 人以上の子供たちが公園に集まっていました。テープカットと言っても、黄色と黒の立入禁止のテープですが、子どもたちにとっては森への開通記念です。夏休みの 1 週間前に再開されることになり、普段は森に行かない子供たちも興奮していました。夏休みの間ずっと、森から締め出されるな

んてありえないと思っていたのです。10 分前になると 200 人近くの子供たちが公園の端でざわめいていました。3 分前には、小学校の向こう側にある中学校の校庭から 300 人近くの子どもたちの声が聞こえてきました。子供たちにとっては、奪われていた大事なものが返還される記念すべき大事な日だったのです。きっとこの日のことはみんなずっと忘れないでしょう。

ちょうど 1 分前になると、スミス博士がサミュエルとエドワードを連れて低い柵を越えて、立入禁止のテープの真ん中にやってきました。子供たちがシーンと静まりかえると、スミス博士は咳払いをしました。針が草の上に落ちる音も聞こえるぐらい静かです。

「これから、森を再開します」

その声を合図に一斉に歓声があがりました。スミス氏は歓声がおさまるのを待って言いました。「テープを外す前に」

「テープカットだ！」誰かが叫びました。

「そうだね。森への開通を記念するテープカットの前に、一言言わせてください。すぐ終わります」

みんな、静かに待っていました。

「さて、森には皆さんを脅かすたくさんの危険があります。とにかく、川には近づかないこと。立入禁止のテープが張ってあるところには行かないでください。他の場所は良いですが」

「川には行かない！」子供たちが叫びました。

「そうだね。前にも話したように、森で遊ぶリスクを考えて安全な行動をしていれば、怪我をする可能性は低くなります。みんなには、安全に楽しんでもらいたいんです。いいかい？」博士は笑いました。

博士はポケットから（もちろん、保護ケースに入った）ハサミを取り出すと子供たちは息をのみました。ハサミをケースから取り出し、テープの端に当てると、太陽がきらきらと反射しました。黄色と黒の立入禁止テープが切り離されると、1キロ以上離れたモールまで子供たちの歓声が響き渡りました。1分も経たないうちに公園には誰もいなくなり、森の中に子供たちの遊び声が響き渡りました。

スミス博士は、2人の息子を悲しそうに見下ろしました。「行かなくていいのかい？」

「うん」サミュエルは、真面目な顔で首を振りました。

「公園で遊ぶかい？」

「家に帰る」サミュエルは首を振りました。

「じゃあ、帰ろうか」博士はため息をついてサミーの手を取りました。

エドワードはしばらく森のほうを見ていました。それから振り返って、そよ風に揺らぐブランコを物欲しげに見つめました。そして、ため息をつくと、公園の入口にいる父親とサミーを追って家に向かいました。

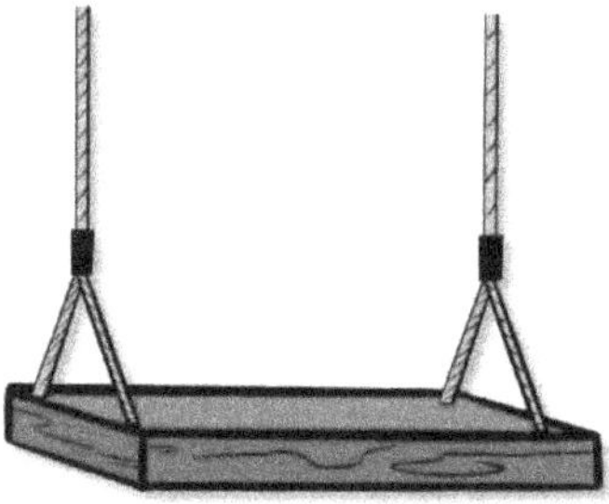

「ツリーハウスにまた来れて良かったぁ」アリスは、マンガ部屋の床に横になって言いました。新しいマンガ本がたくさん詰まったプラスチックケースが足場の隅に戻されていました。

「本当にそうね！」ベッキーは、同意しました。

小さい子が勝手に上がって危ないところに行かないように、なわばしごは引き上げてあります。

アリスは、マンガ本のケースに手を伸ばしましたが、届かなかったので仕方なくベッキーの隣に座って言いました。「考えていたのよ」

「何を？」

「川について」

「あそこには、行けないでしょ。私は行きたくないわ、臭いしゴミだらけだもん」ベッキーは肩をすくめました。

「車が川に落ちているって不思議じゃない？」アリスは首をかしげました。

「そう、不思議ね、車について話したいの？」ベッキーは、あくびをしました。

「いや、でも、ここ数日リスクばかり気にして、誰も外で遊ばなかったでしょ？」アリスは言いました。

「ええ、退屈だったわ」

「そのとき、ちょっと調べてみたんだけど、インターネットで昔の話を見つけたのよ」アリスはうなずきました。

「何の話？」ベッキーは、またあくびをして、足場に横になりました。

「あの川の歴史よ」

「うーん、どれだけ臭いかって話？」ベッキーは、眠そうに目を閉じました。

「ええと、そうじゃなくて、昔は、と言ってもそんなに昔じゃないけど、私たちが生まれる前は、あの川はとても大事だったのよ」

「何がそんなに大事だったの？」

「サケの産卵場所の支流だったの」

「だから魚臭いの？」

「うん、確かにそうかも....。とにかく、産卵のために川を遡上（そじょう）するサケがたくさんいたのよ、今はもういないけど」

「それって私たちと何か関係あるの？」ベッキーは立ち上がりました。

アリスは、枝から視線をはずしてベッキーを見ました。

「産卵のためにたくさんの魚が集まって、足を濡らさずに川を渡ることができたって書いてあったわ」

「どうやって？」

「それほどたくさんの魚がいて、密集していたんじゃない？」

「へー」

「うん。でも、今は川に魚はほとんどいないわ」

「釣りすぎたのかな？」

アリスは、うなずきました。「かもね。でも、人間がした開発のせいで魚の棲む（すむ）場所が減っているって書いてあったわ」

「どういう意味？」

「家や学校やモールとかをよ」

「魚は家に住まない（すまない）でしょ」

アリスは笑いました。「もちろんそうだけど、卵を産むにはそれに適した環境が必要なの」

「森の奥にある川みたいな？」

「そうよ」

「でも、川はまだあるじゃない？水も緑もあるわ」ベッキーは肩をすくめました。

「川を見たでしょ？中にも入ったわよね？あれが良い場所だと思う？」アリスは、ベッキーの腕をつつきました。

「たしかにそうだけど、私は魚じゃないし、きれいな家があるもの」ベッキーは、鼻を鳴らしました。

「もし、魚だったとして、ゴミだらけの家に住みたい？」アリスは、川の方を見ました。

「それはいやね」

「川に落ちているものが匂いの原因じゃないかしら？車のオイルなんかが川に漏れ出しているかもしれないわ。だとしたら、魚には毒だと思わない？」

「そうね」ベッキーは、足を胸に引き寄せました。

「そして...他の川も同じように汚れてゴミでいっぱいで、シャケが子育てできないから、魚が減っているとしたら？」アリスは、ベッキーをまっすぐに見つめました。

「それは良くないわね」

「そう、よくないわ、だから...」

「だから、なに？」

「私たちがどうにかすべきじゃない？」

ベッキーは、近くの板から突き出ている木の切れ端をいじくりながら言いました。「どういうこと？危険だし、近づくこともできないのよ」

「そう、危険なの、魚たちにとってもね。彼らに必要なのは、ゆっくりとよどみなく流れる水ときれいな砂利、健康な植物だって書いてあったわ」

「あそこにはどれもないわね。水草、ゴミ、よどんだ水だけだったわ」

「ゴミを取り除けば、少しでも魚が住みやすくなるんじゃない？」

「アリス、でも、私たちじゃ車を引きあがることなんかできないわ」

アリスは、首を振りました。「そうね、あそこは危険だし、簡単なことじゃないのはわかっているわ。でも、計画をたてて、誰か大人に手伝ってもらえば、少しでも魚たちの住む環境をよくできるんじゃないかしら」

ベッキーは、しばらく下を向いて考えてから、アリスに向かって言いました。「みんなを集めましょう、これは大きなプロジェクトになるわよ」

アリスは立ち上がってベッキーに手を差し伸べながら言いました。「明日みんなで集まれるかしら」

ベッキーはアリスの手をつかんで立ち上がるとニコッと笑いました。「私はオッケーよ、アマンダとベンにも聞いておくね」

8. アイデアを出そう

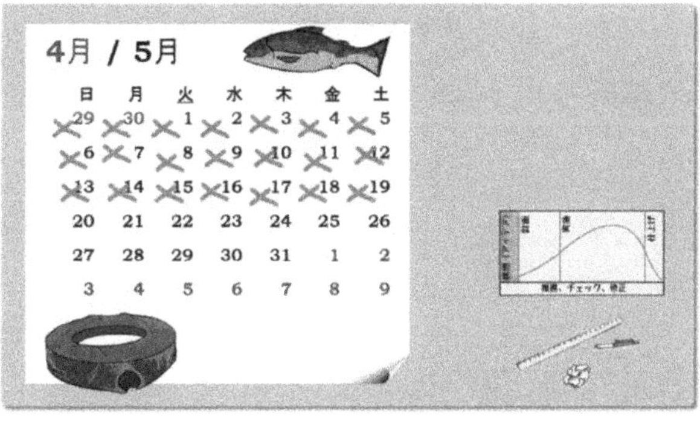

「今日は何の話？」アマンダはクッキーを食べながらつぶやきました。

日曜の朝、アマンダの家のキッチンには子供たちがたくさん集まり、2つのトレイで焼いたグルテン、乳製品、ナッツぬきのクッキーはほとんど売り切れ状態でした。ティムはアリスとシャーロットの間に座り、トムはベッキーとジェームズの隣に座りました。ベンがクッキーに手を伸ばすと、アリスがテーブルの端に置いた鉛筆とメモ帳が落ちそうになりました。エドワードはテーブルから離れたスツールに座って、弟を見張っていました。彼が 4 つ目のクッキーを丁寧に断わると、ベンはそれを口にほうりこみました。

ベッキーはアリスにうなずくと口火を切りました。「アリスは魚を助けたいのよ」

アリスはサミーの口についたチョコレートを拭くようテッシュを渡しながら言いました。「そうなの」

「どんな魚？川に落ちた時に魚なんかいなかったよ」サミーは尋ねました。

ベッキーはサミーに微笑みました。「そう、本当は魚がいるはずなのに、がらくただらけで汚れていたでしょ」

「うん、でも、川には入れないよね」

アリスはうなずきました。「うん、子供だけではね、でも川を片付けたら魚が戻ってくるかもしれないわ」

ジェームズは眉をひそめました。「車が落ちているんだよ、川はすごく長いし、ぼくたちが見たのはほんの一部だけだよね。山の上から合流地点まで川全体をきれいにしないと意味がないんじゃない？」

「たしかに大仕事だ」トムはため息をつきました。

「たくさんの手助けが必要だね、たぶん数百人、大人の助けも」ティムは言いました。

「無理でしょ！」スーザンはうめきました。

みんな考え込んで、しばらくの間沈黙が続きました。シャーロットが小さな咳をすると、みんなが彼女を見ました。

「無理？みんな私のために新しい肝臓を手に入れてくれたでしょ。私はみんなのおかげで生きていられるのよ。他の多くの同じ病気だった子供たちもそう。それに比べて川の掃除を手伝ってもらうことってそんなに難しいことかしら」彼女はささやきました。

スーザンはテーブルを見つめました。「不可能ではないけど、簡単ではないわね」

シャーロットは首を横に振りました。「あなたたちならできるわ、優秀なんだから、それにわたし、助けてくれる人がたくさんいる場所を知っているわ」

「どこ？」ベンは眉を上げました。

「学校よ、小学校や中学校、きっと生徒や先生が助けてくれるわ」

「週末はみんな忙しいんじゃない？」ベンは首を振りました。

「週末じゃないわ、ベン、平日よ」

「平日は学校があるでしょ」ジェームズは笑いました。

「そのとおり！」シャーロットは笑って腕組みをしました。

ベンは瞬きをしました。「そのとおりってどういう意味？ちゃんと説明してよ」

シャーロットはため息をつきました。「みんな勉強は教室でするものだと思っているかもしれないけど、私が学校を休んでいる間も送ってくれた自習教材を使ってママにも手伝ってもらって家で勉強していたの。中には外にでる学習もあったわ」

「体育みたいに？それはできなかったんじゃないの？」ベンは尋ねました。

シャーロットはうなずきました。「うん、体育は無理だったけど、ママと散歩に行って自然から学ぶことはできたわ。外は自然科学の研究室みたいなものでしょ」

アマンダは瞬きをしました。「それって川に行って授業するってこと？」

シャーロットは微笑みました。「ええ、ゴミ袋を持って行って、ゴミ集めをしてもらうの、先生がいれば安全確認もしてもらえるし、小さいことだけど、まずはそこから始めてみたらどうかしら？」

「素晴らしいアイデアだわ、シャーロット！」アリスは笑って言いました。

「先生が魚のことなんか気にするかしら？」アマンダは肩をすくめました。

「やってみないとわからないでしょ！まずは、計画を立てましょう」

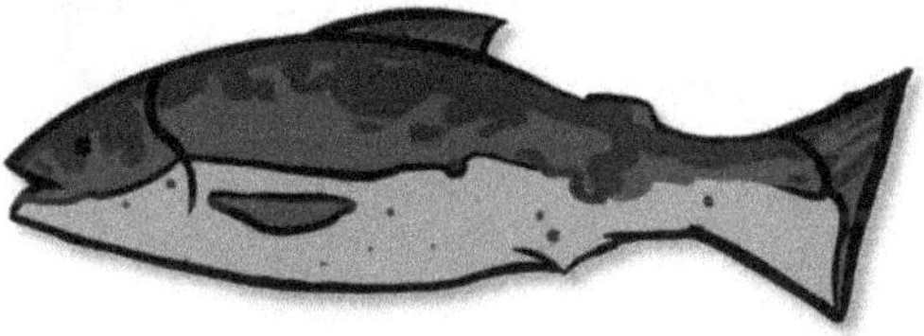

「そうね、これがうまくいけば、これまでとは違うプロジェクトになるわ」アマンダは言いました。

「これまでのプロジェクトも同じものはなかったけど、同じ計画プロセスが使えたよね」ジェームズは、もつれた髪を指ですきながら言いました。

「そういう意味じゃなくて、今回は、作業そのものを他の人に手伝ってもらわないといけないでしょ」アマンダはため息をつきました。

「肝臓を手に入れるのにたくさんの知らない人の助けが必要だったでしょ。学校のみんなはもう知っているし、もっと簡単なんじゃない？」シャーロットは、言いました。

「先生がわたしたちを子ども扱いして言うことを聞いてくれないかも」アマンダは、唇を噛みました。

サミーが手を挙げました。「校長先生に相談してみたら？他の先生たちもボスの言うことならきくでしょ」

「サミーの言うとおりね。シャーロットが言っていたように、小学校だけじゃなくて中学校にも参加してもらうようにしましょうよ。そうすればどちらかに断わられても川の一部は掃除できるわ」

「いいね」サミーは笑いました。

「今回は 2 人のプロジェクトマネージャーが必要ね」アマンダは、言いました。

「ふたり？」アリスとベッキーは同時に言いました。

アマンダは指を唇に当てながら答えました。「ええ、2 人。もちろんアリスは今回、小学校を担当してもらうわ」

「ぼくのほうが年上だよ！ぼくの番じゃないの？」ベンは抗議しました。

アマンダは弟を見つめました。「小中学校両方で清掃作業を手伝ってくれるプロジェクトチームが必要でしょ。ベンが適任じゃないっていうことじゃなくて、今回はリスクマネージャーが必要だと思うの。その役目はどう？」

「うん、ええと、ぼくそれやるよ、リスクって面白いもの」ベンは瞬きをしました。

「ええと、まずは聞くべきじゃない？」ティムは咳をしました。

「なにを？」アマンダが瞬きをしました。

「だれが何をするか勝手に決めているけど、偉そうじゃない？僕らの学校の上級生でもないのに」トムはうなずきました。

「うん、ティムとトムのいう通りだな」ジェームズは言いました。

アマンダは両手を上げて言いました。「わかったわ、じゃあ、小学校のプロジェクトマネージャーをやりたい人？」

男の子たちはお互いを見て、肩をすくめてから、アリスを見つめました。「君はやりたい？魚を助けたいんだよね？」

アリスはみんなの期待の目を見て言いました。「ええと、やってみようかな...」

「君ならうまくやれるよ。アリス、ぼくたちも手伝うから」ティムは微笑みました。

「ぼくも手伝いたい」サミーも言いました。

「みんな手伝うわ。じゃあ、あれをやってくれるわね」シャーロットは微笑みました。

「あれって何？推薦してくれるならプロジェクトマネージャーはするけど」

「校長先生に話してもらえる？そんなに難しいことじゃないわ」シャーロットは微笑みました。

「ああ...」アリスが瞬きをしました。

「なにか問題でもある、アリス？」シャーロットは眉をひそめました。

「校長室に行ったことないわ」アリスはつばを飲み込みました。

「大丈夫よ、ジェンキンス校長は素晴らしい人だわ」アマンダは言いました。

「それは知っているけど、みんなに私が何か問題を起こしたって誤解されないかしら？学校で問題を起こしたことなんかないのに」アリスは首を振りました。

「魚を助けたいんでしょ？」アマンダは尋ねました。

「もちろん」アリスは答えました。

「なら、校長先生に相談しないとだわ。みんなで計画をたてて、両方の学校で同じことを言いましょう。でも、それぞれでプロジェクトマネージャーが必要だわ」アマンダはしっかりとうなずきました。

スーザンとベッキーは顔を見あわせてから、ベッキーが言いました。「アマンダ、あなたがまたやったら？」

アマンダは首を横に振りました。「いいえ、次はあなたたちの番よ」

ベッキーが振り返ると、スーザンは肩をすくめました。それを見てベッキーはため息をついて言いました。「わかった、私がやるわ」

「そんなに緊張しないで、ベッキー、あなたならできるわ、信頼しているから」

アマンダに励まされたベッキーは、歯をだして無理やり笑いました。「わかった、じゃあ喜んでやらせてもらうわ、モルディバ校長とも話さなきゃね」

「じゃあ、アリスとベッキーが 2 人のプロジェクトマネージャー、ベンは小学校のリスクマネージャーね。そして、他のみんなで 3 人をフォローするということで、いい？」アマンダはうなずきました。

テーブルの周りの皆がうなずき、エドワードは立ち上がってスツールをテーブルに近づけました。

アマンダは深呼吸してから言いました。「関連する 2 つのプロジェクトをプログラムとして連携するために、私が 2 人のＰＭといろいろ調整をするわ。同じ目標を持っていても、各学校内の決定はそれぞれのプロジェクトマネージャーにしてもらわないといけないから、よろしくね」

「つまり、プログラムマネージャーってこと？」ティムは眉を上げました。

「まあ、そういうことね」アマンダは肩をすくめました。

「また、自分で決めている」ベンは眉をひそめました。

アマンダはテーブルを見回しました。「他に誰か 2 つのプロジェクトの調整をしたい人？」

誰も手を挙げませんでした。

アマンダは咳払いをしてから言いました。「プログラムマネージャーは、プロジェクト間の調整はするけど、プロジェクト自体の管理には口をださないわ、それでいい？」

アリスとベッキーはうなずきました。

「良いリーダーは方向性を示すだけじゃなくて、チームの支援もすべきでしょ？」

テーブルには納得のつぶやきがひろがりました。

「もちろん」とアリス、「そうね」とベッキーが言いました。

「ベッキー、アリス、あなたたちをサポートさせてくれる？行き詰まったらいつでも相談してね」アマンダは笑いました。

「ダメといっても、やるんでしょ」ベッキーは言いました。

「アマンダ、いつものことね」アリスは苦笑いをしました。

アマンダも笑いました。「そうね、もう、リーダーはいいわ。でも両プロジェクトともに難しいから、調整支援がいるでしょ、計画は一緒にできるけど、実施は小中別々だからね、それでいい？」

「あなたが一番経験あるからね」ベッキーはゆっくり言いました。

「個人的にはそうしてくれると助かるわ、ありがとう、アマンダ」アリスは言いました。

「力になれて嬉しいわ」アマンダは微笑みました。

「君たちはいったいなんの話をしているの？」エドワードは首を振りました。

「やればわかるわ、みんなそれぞれ役割をもつのよ」アマンダはエドワードの方を向いて言いました。

「じゃあ、ぼくはリスクの手伝いをするよ」エドワードは肩をすくめました。

「ありがとう」アマンダはつぶやきました。

「どうやるか教えて？」サミーは言いました。

「もちろん」アリスは微笑みました。

「よし、楽しくなりそうね。私がメモをとるわ。いい？」アマンダは鉛筆を手に取って言いました。

「ええ、じゃあプロジェクト開始！」ベッキーとアリスはうなずきました。

9. 計画

アマンダは、目の前の小さな紙の山をまとめながら言いました。「じゃあ、サミーとエドワードにプロジェクトで何をするか簡単に説明するわね。まず、プロジェクトっていうのは...」

すると、サミーが手を上げました。「ぼくプロジェクトをやったことないけど、なんでプロジェクトじゃなきゃいけないの？」

ベッキーは微笑みました。「私たちがやっていることの多くは実際にはプロジェクトだったりするの。そうとは意識していなくてもね。でも何かやりたいと思うことをプロジェクトと捉えて、するべきことを整理して計画をたてると、より速く簡単にできるのよ。プロジェクトは、普段やっていることではない特別なことで、必ず始まりと終わりがあるの」

「ふーん」サミーは上げていた手を下げました。

アマンダは新しい紙を取り出して図を描きました。

「プロジェクトには、始まりから終わりまでの流れがあるの、アイデアを考えて、計画をたてて、実施して、仕上げをするんだけど、うまく進むように推進・チェック・修正も大事よ。こんな感じにね」

「このこぶは何？」サミーは質問しました。

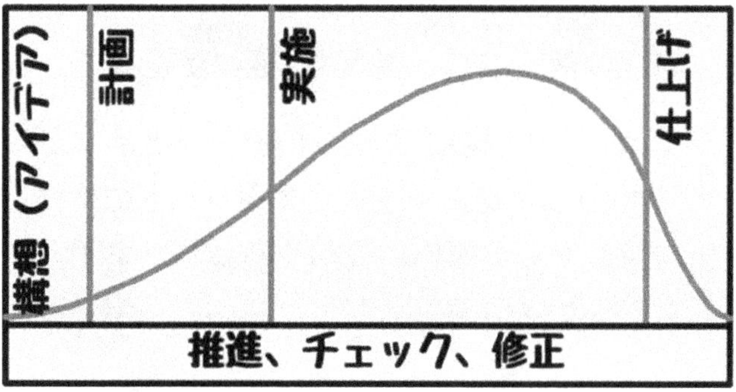

「この線はプロジェクトの各段階にかかる作業量よ。まずは構想段階でアイデアを出すことから始めるの」

「川をきれいにして魚を助けるというアイデアだね」サミーはうなずきました。

「そうよ！」アマンダは微笑みました。「アイデアがでたら、次に計画を立てるのよ」

「でも、やりたいことはわかっているでしょ」サミーは実施の部分を指差しました。

ベッキーは笑いました。「実際、計画をせずに実施してしまう場合も多いんだけど、それだと時間が無駄になったり、事故に遭ったりして、望んでいたものが手に入らないこともあるの」

「プロジェクトの目標が達成できないということ？」エドワードはつぶやきました。

「その通り！計画は本当に大事よ。やるべきことを調べて、要件を絞り込んで、どんな資源がどのくらい必要なのか？誰の助けがいるのか？どんな順序でやるのか？を決めるの、そして、それを元にスケジュールを立てるのよ」

エドワードはスツールをテーブルに近づけました。「たとえばフェンスを作ってからペンキを塗るとか？」

「そう、今回はツリーハウスみたいなモノは作らないけど、川をきれいにしたいから、ゴミを片付けてから、魚が好きな植物を植えるとかね」アリスは笑いながら言いました。

「で、ぼくたちの要件って何かな？」エドワードは眉をひそめました。

「それを知るためにブレインストーミングをしましょう、大事な要件を見逃さないためにも、魚のために川をきれいにするには何が必要？」

「えっ、ぼく？プロジェクトなんて初めてだからわからないよ」エドワードは戸惑いました。

「おおげさに考えなくても大丈夫よ、そんな難しいことじゃないわ」

ベンもそれを見て笑いました。「そうだよ、なにかアイデアあるだろ、エディ」

「だから、エドワードだってば」エドワードは顔をしかめました。

ベッキーは彼の腕に手を置いて言いました。「いいわ、じゃあ私から。魚たちにとって良い環境にするには川を空っぽにしなきゃだわ」

「空っぽじゃなくて、取り去るのはガラクタだけね、魚が卵を産んで育てる場所が必要だわ」アリスは補足しました。

「どんな場所？」シャーロットが尋ねました。

「魚は砂利や砂の中に卵を産むのよ」

「生まれたあとは？」

「他の生物に食べられないように隠れる場所が必要ね」

「いいわね」アマンダはリストを見てうなずきました。

- ゴミの川を空っぽにする
- 魚にとって良い環境
- 食べ物と隠れる場所

エドワードはまばたきをしました。「えっ、それだけ？」

「要件は複雑である必要はないわ」アリスは微笑みました。

「そんなんじゃ計画にならないでしょ？」エドワードは文句を言いました。

「要件は計画じゃないよ、計画は要件のあと、やりたいことにすぐに手を付けるといろいろと問題が起きることになる、ねっ、そうだろ、ベン？」ジェームズは言いました。

「計画をたてなかったおかげで、ぼくは脚の骨を折っちゃったんだ」ベンはうなずきました。

「じゃあ、計画は立てた方がいいね！」サミーは目を見開きました。

アリスはうなずきました。「そうね、じゃあ、要件を満たすためにすべきことは何？」

「もちろん掃除」エドワードは言いました。

ベッキーは首を振りました。「一つずつ分解していきましょう、そう、一つは川から物を取り除くこと、もう一つは後片付け、それから魚が住みやすい環境をつくることね」

「空き缶とかは隠れ家になるから残しておいたほうがいいかな？」サミーが聞きました。

アリスは首を振りました。「いや、缶は錆びるし、人工的なものは起きたくないわ、魚の赤ちゃんが隠れたり食べたりできる植物があるといいわね」

「どんな植物が好きなの？」

「それを調べて元気な魚のすみかに植えましょう」アリスはアマンダに言いました。

「わかった」アマンダはリストを書きながらうなずきました。

「でも、まずは川をきれいにしないと！何から始める？」ベッキーは言いました。

「もちろん、もともとそこになかったもの全部でしょ」エドワードが言います。

「つまり、プラスチック、缶、ゴミ、箱、古いタイヤ、壊れた自転車とか？」ジェームズがフォローしました。

「車も、これはぜったい」サミーが付け加えました。

「車は大変そうだけど、どうにかしなきゃだね」ジェームズは、うなずきました。

「生えている植物は？」エドワードが尋ねました。

「それは自然のものだから残しておくべきでしょう」ティムは肩をすくめました。

「いや、あそこにブラックベリーがたくさん生えていたけど、ほっておくとみんなトゲで怪我をしちゃうよ」エドワードは、首を振りました。

「それをリスク登録簿に書いておきましょう。私もメモしておくわ」アマンダはうなずくと、ベンとエドワードは、それぞれメモを取りました。

「でも、魚がブラックベリーを好きだったら？」サミーが言いました。

アリスは首を振りました。「多分大丈夫、掃除の邪魔にもなるし、すぐに生えてくるから、掃除の時は根を残して刈り取ればいいんじゃないかな？そうすればまた生えてくるし」

「そうね」アマンダはうなずきました。

サミーはリストの最後の項目を指差しました。「これ誰も言っていないよ」

アマンダはリストをちらっと見てから顔をあげて言

いました。「ああ、それね、全員に PPE が必要ってやつ」

「なにそれ？」

「パーソナル・プロテクティブ・イクイップメント、手袋とか長靴とかゴーグルとか安全装備のことよ」

「あと、怪我をしないように長ズボン、パーカー、長袖シャツ、上着を着るとかね」ベンは追加しました。

「全員分は用意できないかも、バケツ、ゴミ袋、シャベルは各自家から持ってきてもらおう」トムが言いました。

「そんな細かいことも決めるの？」エドワードは顔をしかめました。

「そうでもないわ。全部出してから整理しましょう。ほとんどの家庭に、シャベル、バケツ、庭いじり用の手袋、ガムテープはあるわよね」スーザンは言いました。

「そうだね」エドワードは肩をすくめました。

「そうね、でも、大事なのは子供たちが安全に川で作業できることだわ」スーザンもうなずきました。

「まず、ブラックベリーを処分しないと」エドワードが言いました。

「それは作業の順番でしょ、それは後で考えるの。いまはブレインストーミングだから」アマンダは眉をひそめました。

エドワードはスツールに座りなおして言いました。「わかったよ、でも長い草も刈らないと、ゴミを見落としちゃうかも。きっと草の間に埋まっているやつもあるから」

「たしかにそうね！エドワード、その調子でアイデアをどんどん出して！」ベッキーは微笑みました。

エドワードはちょっといやな顔をしましたが、馬鹿にされているわけではないと知って表情をやわらげました。「あと、川から出たゴミを捨てる場所が必要だ」

「そうだね、コツを掴んだな、エディ」ベンはウインクをしました。

「エドワードだけど、まあいいや」彼はまた顔をしかめてから、肩をすくめました。

ベンはニヤリと笑いました。

「他に何かある？」アマンダが尋ねました。

「掃除しても、またゴミだらけにならないようにするには？」トムが指摘しました。

「それも大事だね、フェンスが必要かな？」ベンが言いました。

「川に沿ってずっと？」とティム。

「間違って入っても出られるようにしないとだから、門が必要かも」トムは言いました。

「誰でも出入りできるならフェンスの意味がないでしょ」ベンは顔をしかめました。

「門に鍵をかけたら？」とトム。

「ならフェンスと変わらないよ」ベンは首を振りました。

「ときどき魚の数を確認したり、川が雑草だらけになったら刈り取らないとだから、やっぱり門はいるんじゃない？」トムは言いました。

「誰がフェンスのお金を払うの？」ジェームズは尋ねました。

「わからない」トムは肩をすくめました。

「難しくなってきたな、どれもこれも大変そうなことばかりだよ」エドワードは他人事のように言いました。

スーザンは首を振りました。「これよりもはるかに複雑なプロジェクトがあったわ。大きな問題は、小さく分けて、簡単にできるようにするの。それを数人の担当者に割り当てるのよ。やる価値があるのに資源が足りない場合は、誰かの助けを得るか、後回しにするしかないけどね」

「たとえば、ゲート付きのフェンスとか？」ジェームズは言いました。

アマンダはうなずきました。「そうね、今は子供たちだけで川に行けないから、大人に一緒にきてもらうように頼まないとだわ」

「先生や校長先生に手伝ってもらうには学習についても考えておかないとね。でないと、たんなる泥んこ作業になっちゃうわ」アリスは言いました。

「子供は泥んこ大好きだけどね」ジェームズは言いました。

「先生も何か教えられないと、やる気にならないでしょう」シャーロットは言いました。

「先生にはもっと別の要件があるんじゃない？」アマンダがうなずきました。

「よし、もう少しブレインストーミングして、これらを分解してみよう」ベッキーは言いました。

30 分後、アマンダは丸 2 ページ分メモをとると、図を描きだしました。他の子たちはテーブルに座って、アマンダが描き終わるまで待っていました。

「何を描いているの？」サミーはささやきました。

「ワークブレイクダウンストラクチャよ」ベッキーは言いました。

「えっ、なにそれ？」サミーは言いました。

「達成しようとする目標を実現手段に分解して描く方法よ。これさえあれば、どんな大きな仕事も恐れることはないわ」ベッキーは微笑みました。「アマンダはブレインストーミングのメモを元に、それを描いているのよ」

さらに数分後、アマンダは紙をテーブルの真ん中に置きました。「これでどうかしら」

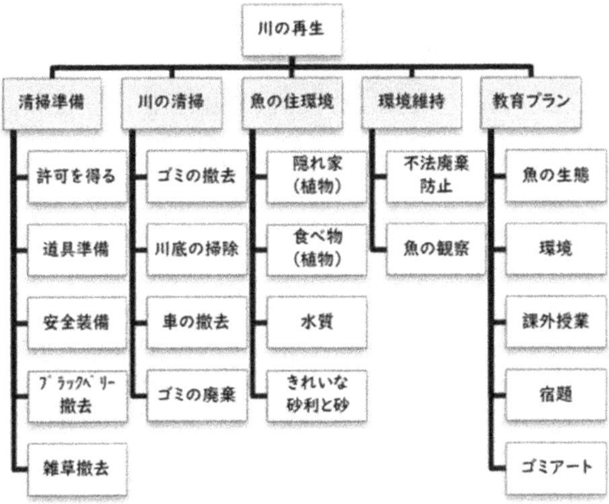

エドワードは図を指さしました。「いろいろやっているけど、学校が協力してくれるかどうかわからないから、時間のムダなんじゃない？」

アリスは首を振りました。「そんなことないわ、誰かにプロジェクトを手伝ってもらったり、許可してもらいたいなら、それを説明する計画があったほうがいいでしょ？」

エドワードはスツールに寝転んで言いました。「まあ、そうだね」

「ぼくもそう思う」サミーはそう言ってニコニコしました。「アイデアを考えるだけじゃなくて、それを人に示せるよね？」

アリスはうなずきました。「学校がダメだと言っても、清掃活動のコミュニティを立ち上げることもできるでしょ。この計画はその時にも利用できるわ。まだ、もっと具体的にしないとだけど」

「でも...」エドワードは眉をひそめました。

「でも、なに？」アマンダは眉を上げました。

「でも、ぼくたちはまだ子供だよ。大人がぼくたちの言うことを聞いてくれなかったら？」エドワードは言いました。

「その子供が私のために新しい肝臓を手に入れてくれたのよ」シャーロットは大きな声をあげました。「たくさんの人がこの子たちに耳を傾けて、他の多くの子供たちも助けてくれたの、エドワード、このチームのおかげで、その子たちは今も生きていられるのよ」

エドワードは後に寄りかかって、両手をあげて言いました。「うーん、そうじゃなくて...」

「じゃあ、どういうこと、エドワード？」アマンダは彼に冷たい視線を向けました。

エドワードは困ってテーブルを見まわしてからため息をつきました。「ぼく...よくわからないよ」

「とにかく、私たちは魚を救うわ」アリスはしっかりとうなずきました。

「そうね、これは大人の助けなしではできないプロジェクトだから、これは校長先生へのプロジェクト提案ということになるわね」アマンダはうなずきました。

アリスは急に緊張してきました。「プレゼンってこと？」

アマンダは眉を上げました。「そうね、校長先生だけに向けた提案書、抜け漏れがないようにしっかりチェックして、アリスとベッキーに持って行ってもらえるように準備するわ」

「学校とコミュニティの両方でプロジェクトができるんじゃない？」ベンが提案しました。

アマンダは首を振りました。「まずは学校に集中しましょう。それでいい？」

「そうね、まずやるべきことをやりましょう」ベッキーはうなずきました。「ってことは、次は作業の順番と各作業にかかる時間の見積もりね」

「どうやってやるの？」エドワードは尋ねました。

アマンダはゆっくり息を吸ってから言いました。「チームで話し合うのよ。ある作業の前に済ませておかないといけない作業とそうでない作業を決めるの。

全体を通して話せば、だいたい順序関係は明らかになるわ」

「作業の順番なんて考えたことないよ」サミーは、にっこりと笑いました。

アリスはサミーをちらりと見ました。「どれもスケジュールを作るのに必要な作業よ、さっそく始めましょう」

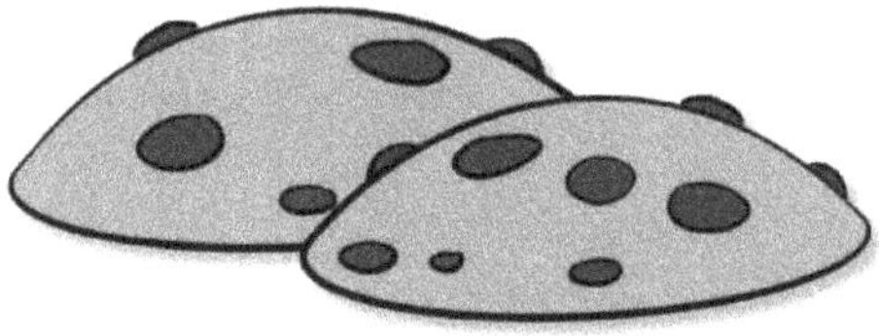

約 30 分後、アマンダは机の上の WBS と要件リストの横に、消しゴムカスを払ってからもう一枚の紙を置きました。「これでどうかしら？」

基本的な要件

- ごみを取り除く
- ブラックベリーの伐採
- 魚が元気に暮らせる場所をつくる
- 魚の赤ちゃんのためのエサと避難場所
- 学校の生徒に対する教育的価値
- 安全装備の着用（安全第一）

「これが WBS」

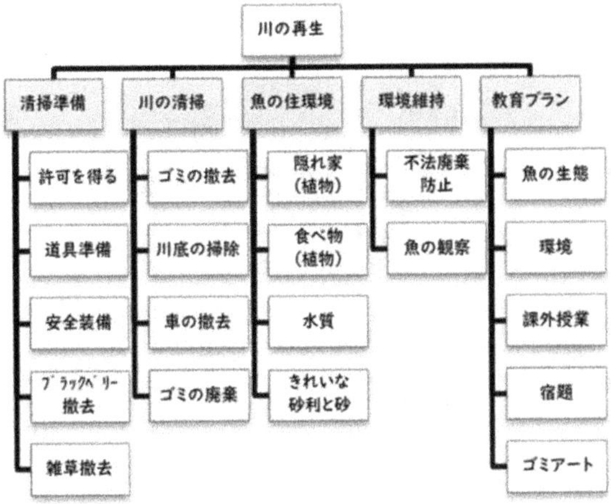

「これがリスク登録簿」

リスク	可能性	重大度	影響	予防	是正
川に落ちる	中	中	濡れて風邪をひく、助けがなく溺れる	川の近くで遊ばない	救助
ﾌﾞﾗｯｸﾍﾞﾘｰのﾄｹﾞで怪我	高	中	切り傷	ﾌﾞﾗｯｸﾍﾞﾘｰの伐採、長袖、長ズボン、長靴、手袋	救急箱
障害物で足を怪我	中	中	釘を踏んで切り傷	長靴、足元注意	救急箱や医者
転んで谷に落ちる	中	中	切り傷や骨折	昇降ロープ、はしゃがない	救急箱や医者

「そして、これがネットワーク図よ」

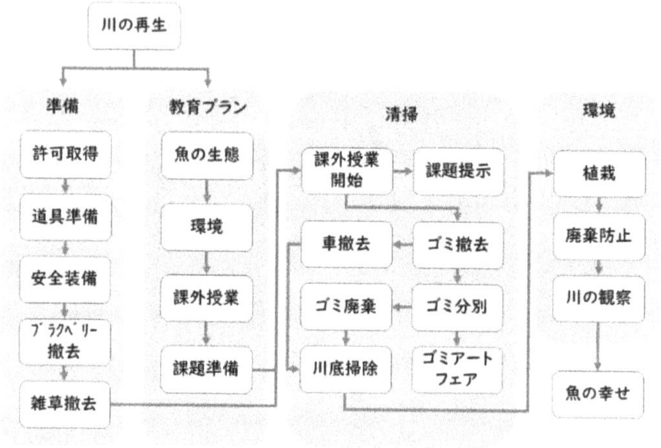

「これで仕事にかかれるわ、さすがね、アマンダ」
ベッキーはうなずきました。

アリスは、WBS とネットワーク図をじっくりと見て言いました。「うん、どれもいいわ、これで校長先生に説明できると思う」

「見積りは？」サミーは尋ねました。

ベッキーは、紙をしばらく見つめてから言いました。「一番大変なのは掃除だけど、どのくらい時間がかかるか今はわからないわね、どれだけの助けが必要か、どれだけのゴミがあるかによって数週間、あるいは数か月かかるかもしれないわ、提案段階ではネットワーク図までで十分じゃないかしら？」

アマンダはうなずきました。「まずは二人に校長先生と話してもらって、その反応を見てから、見積りやリスクの計画をたてましょう」

「いいわね」スーザンは微笑みました。

10. 提案

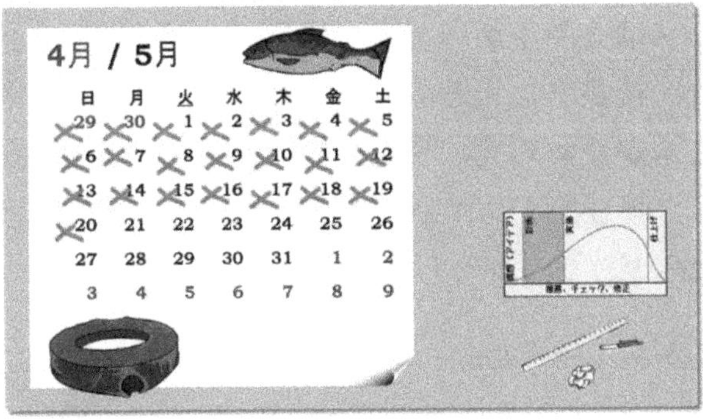

「校長先生とお話できますか？」

アリスは翌日の昼食時、右手に丸めた紙の束を持って、校長室を尋ねました。白髪の女性秘書、オルトワーシさんは机の上のメモを見ながら答えました。

「なにか問題でも？」

アリスは顔を赤くして言いました。「いいえ、そうじゃないけど、校長先生にお話があるんです」

「校長先生のご予定を見てみるから少し待っていてくださる？」オルトワーシさんは、そう言って壁際にある古いプラスチック製の椅子を指差しました。

「ありがとう」アリスは微笑んでそこに腰掛けました。

「ジェンキンス校長がお会いになります」ほどなく、オルトワーシさんは脇のドアを指さして言いました。

アリスは立ち上がってドアを開け、校長室に入りました。校長室に入るのは初めてでした。自分で頼んだにもかかわらず、そこにいるだけで何か悪いことをして呼び出されているように感じました。「誰かが見たらどう思うかしら？」

「話があるそうだね、アリス？」

アリスは、ジェンキンス校長の笑顔を見て少し安心しました。「はい、校長先生、ご相談があります」アリスはうなずいてから、緊張で乾いた口で答えました。

「どうぞ、座って、どんな相談かな？」校長先生は机の前の椅子を指差して言いました。

アリスは深呼吸してから言いました。「魚です」

校長先生は身を乗り出して、片方の眉毛を上げました。「魚？サミュエル君が落ちた川と関係があるのかな？」

アリスはうなずいて、校長先生の机の上に持ってきた紙を広げました。「はい、提案をお持ちしました。まずは、川の歴史からお話させてください」

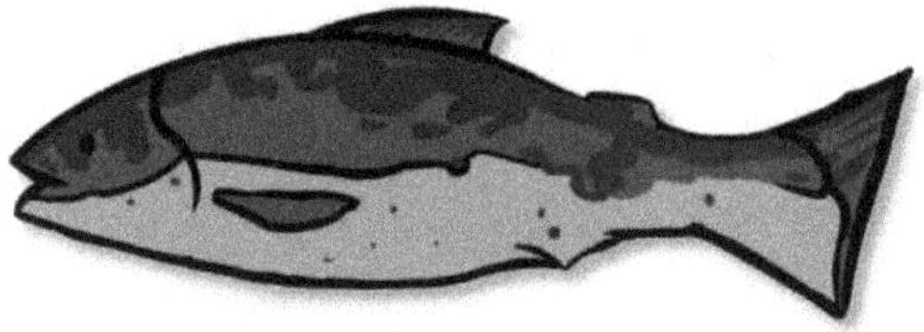

校長先生はアゴをこすりながら考え込んでいました。「川をきれいにするプロジェクトですか」

アリスはうなずきました。「はい、魚が戻ってこれるようにしたいんです。このように計画もたてました」

校長先生は眉をひそめました。

「子供たちだけで川に行ってはいけないことは理解しています。だから校長先生にお願いしているのです」

「ご両親に相談しましたか？」

「はい、でも、それだと週末にしか作業ができません」

校長は、さらに顔をしかめました。「あと１ヶ月で夏休みだ。休み中たくさん時間があるでしょう。休暇をとる親もいるんじゃないかい？」

アリスは深呼吸をして、ゆっくりと吐き出しました。「これはとても良い教育プロジェクトにもなると思うんです」

「どなたか先生に相談してみたらどうかね？課外プロジェクトなら歓迎してくれると思うよ。校長の私に頼む意味がわからないなぁ」

「友達だけじゃ足りないんです。クラス全員、いや全校生徒の協力が必要なんです」

「各学年に時間割があることは知っていますよね？学年の初めから決まっています」校長先生は椅子にもたれて言いました。

アリスは唾を飲み込んでうなずきました。「はい、校長先生。でも、全部の授業を教室でやる必要はないんですよね？特に最近は天気もいいし、一部の授業だけでも外でできませんか？」

校長先生は手のひらを合わせて身を乗り出し人差し指をアリスに向けて言いました。「どんな授業を考えているんだい？」

「理科ならうってつけです。自然の中には理科の教材がたくさんありますから。あと、社会科や算数もできます」

「算数？」

「ゴミを分別して数えてから袋に入れます」

「国語はどうだい？」

アリスはうなずきました。「川で見たことや学んだことを、教室に戻ってからレポートや掲示板に書くの。川についての本を読んだり、魚の生態や植物についての本を読むのもいいかも」

「創造的な表現はどうかな？」

「アートのこと？」

「そうだね」

「川で写生をしたり、彫刻もつくれるわ」

「何を使って？」

「清掃活動で拾ったゴミを使ってもいいと思います」

「なるほど、しっかり考えているようだね」校長先生は 眉をあげました。

「友達と一緒に考えました、シャーロットがいろいろ調べてくれたんですが、こういう野外学習は他の学校でも行われています。川の掃除についてはわかりませんが」

「シャーロットが移植用の肝臓を手に入れるのを手伝ったのは君たちだったよね？」

アリスはうなずきました。「はい、大事なプロジェクトでした。他に何人かの子たちも助けることができましたが、会ったことはありません」

校長先生は椅子にもたれて窓の外を見つめ、１分近く考えていましたが、それから身を乗り出してアリスを見ました。

「検討してみよう、先生方とも話をして川を見に行ってくるよ」

「サミーのように川に落ちないように、気をつけて行ってきてください」

ジェンキンス校長は椅子から立ち上がると微笑みました。「ありがとう、本校の生徒が環境問題に関心を持ってくれるのはうれしいことだよ、アリス、結論が出次第、知らせるからね」

校長室では笑顔だったアリスも、廊下に出ると、小声で噂話をする生徒たちの視線に耐えかねて震え上がりました。

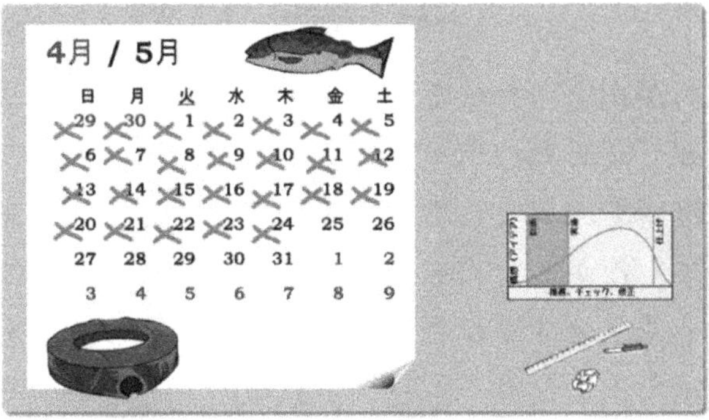

「なぜ連絡がないのかしら？」アリスはティムにささやきながら、その日の最初の授業に備えてバックパックを机の下に押し込みました。

「誰に聞いたの？」ティムは眉をひそめました。

「校長先生よ」アリスはささやきました。

「ならきっと、そのうち準備ができたら知らせてくれるよ」

「おはようございます、皆さん」チャン先生は教室に入ると言いました。

「チャン先生、おはようございます」生徒たちが答えると、ティムは慌てて姿勢を正しました。

アリスが教科書の横にある鉛筆を真っ直ぐに戻して顔を上げると、チャン先生がじっと見ていました。先生は咳をしてから、メモを見て言いました。

「アリス・ウォン、すぐに校長室にいらっしゃい」

生徒たちが声を合わせて「うぇー」というと、アリスは萎縮しました。チャン先生がメモを振るので、アリスは席をたちました。お説教でないことをわかっていましたが、とても恥ずかしく思いました。彼女はそそくさとメモを受け取り、他の生徒の目を避けて教室を出ました。アリスが教室のドアを閉めると、チャン先生は授業を始めました。「さあみなさん、分数は人生の大事な一部です...」

アリスは黙ってメモを秘書のオルトワーシさんに渡しました。アリスの頬は真っ赤でした。オルトワーシさんは校長室のドアに手招きしたので、アリスは中に入ると深呼吸をしました。校長先生は机のところに座っており、机の前には 3 つの椅子が並べられていました。アリスはゆっくりと真ん中の椅子に座ると、頬がさらに真っ赤になりました。

「アリス、来てくれてありがとう」校長先生はそう言うと微笑みました。

アリスは何も言えずにうなずきました。

「教室に行くより、メモのほうが良いかと思ったんだけど、大丈夫だったかな？」

アリスはつばを飲み込んでから言いました。「みんな、私がなにかやらかしたと思っているかも」

校長先生は温かく微笑みました。「もちろんそうでないことは、彼らもすぐにわかるだろう」

アリスは眉を上げました。「どうやって？」

するとオルトワーシさんがドアに首だけだして言いました。「いらっしゃいました」

アリスが振り返ると、そこには中学校のモルディバ校長がいました。そしてその後ろには...

「ベッキー！？」アリスは驚いて席から転げ落ちそうになりました。

「ハーイ、アリス」ベッキーはモルディバ校長について部屋に入ると、アリスの左横の席に着いてニコリと笑いました。

モルディバ校長はアリスの右に座りました。長い黒髪を頭の後ろでおだんごにしていました。彼女の青白い肌は、真っ赤な口紅とマニキュアとは対照的で、アリスは思わず震えました。もちろん、モルディバ校長を吸血鬼だと思ったわけではありません。突然隣に座られて緊張していたのです。彼女は何が起きているのかわかりませんでした。

ジェンキンス校長は立ち上がって前かがみになり、モルディバ校長に手を差し出しました。「来てくれてありがとう、ミレーナ」

モルディバ校長も立ち上がり、彼の暖かい茶色の手を骨ばった白い指で握りました。「光栄です、グレゴリー、子供たちにとって興味深い話ですわ」

ジェンキンス校長は座っているアリスを見て言いました。「あれを読んでくれましたか？」

モルディバ校長が振り向くとアリスは混乱して目をぱちくりしました。「えっ、何のことですか？」

ジェンキンス校長は眉をひそめました。「担任の先生に昨日の午後メモを託したんだけど」

アリスは、ゆっくりと口を開閉してから言いました。「いえ、受け取っていません、今週は今朝まで代理の先生が来ていたので」

ジェンキンス校長はため息をつきました。「そうでしたか、ええと、実は何人かの先生方と川を見に行って、あなたのアイデアについて話し合ったんです。年度末の月のカリキュラムの一部に野外学習を組み込めることになりました。管理すべきリスクがいくつかありますが、問題にはならないでしょう」

アリスは微笑みました。「すごいわ、ありがとうございます！」

ジェンキンス校長は咳をしてから言いました。「このプロジェクトは、コミュニティからも注目されて大規模になる可能性があるから、学校が運営すべきだという意見の先生もいました。でも、私は...」

ジェンキンス校長はそこで一息入れました。

アリスは前かがみになり「それで？」

ジェンキンス校長は手を大きく広げて言いました。「もうプロジェクトマネージャーはいると言いました」

「誰、私のこと？」アリスは高い声で言いました。

「ええ、各学校にひとりずつね」

ベッキーもニヤリと笑いました。

「アリス、この学校のためにプロジェクトをリードしてリスクを適切に管理してもらいたいんだ。リスクについては、まだやらなければいけないことがいくつかあるんだよ」

アリスは瞬きをしました。「そうなんですか？」

ジェンキンス校長はうなずきました。

「ええ、君たちのプロジェクトマネジメントスキルは、誰に聞いてもかなりのものだと評判です。しかも、地元の川をきれいにして魚たちを呼び戻すことに熱い情熱を持っている君たちこそ、このプロジェクトをリードするには適任でしょう。私たちもできる限り支援しますが、これはあなたたちのプロジェクトです」

「すごい！」アリスの顔は歓びでぐちゃぐちゃになりました。

「ええと...すぐにリスクに取り組むようベンに伝えます」

「ベン？」

アリスは椅子に座りなおして言いました。「ベンは私たちのリスクマネージャーです」

ジェンキンス校長は、また笑顔になりました。

「すばらしい！ちゃんとチームの中で役割が決まっているんだね。君たちがシャーロットや他の子どもたちに移植用の肝臓を見つけるためにしたことには感動させられたけど、このプロジェクトの提案書もとてもよく考え抜かれていて感心したよ」

「ありがとうございます、チームのおかげです」アリスは顔を赤らめました。

「中学校でも同じプロジェクトを立ち上げていて、ここにいるベッキーが中学校でプロジェクトマネージャーを務めるそうだね、おめでとう」ジェンキンス校長は、ベッキーを見てうなずきました。

「がんばります」ベッキーはうなずきました。

「中学校との合同プロジェクトだと判ってから、モルディバ校長や他の先生方ともかなり話し合いましたが、両校の生徒たちのリーダーシップを伸ばす良い機会だということで合意しました」ジェンキンス校長はそう言って微笑みました。

モルディバ校長もアリスに笑いかけました。「若い世代は未来の希望です。両校で協力してこのプロジェクトを進めましょう。あなたとベッキーを中心にね」

アリスは緊張して言いました。「まず何をすればいいですか？」

「月曜日の放課後、先生方にプロジェクト構想の詳細を説明してください。それに従って先生方は必要なカリキュラムの調整を行います。調整には数日かかるでしょう。また、先生方と協力してリスクの管理方法を計画してください。6月の第1週には野外学習カリキュラムの準備ができているはずです」

「わかりました」アリスはゆっくりうなずきました。

「あと、来週金曜日の朝礼でプロジェクトについて話してください」

「あぁ」アリスは自分に向けられた期待のプレッシャーに押しつぶされそうでした。

ベッキーはアリスの腕に手を置いて言いました。「大丈夫、まだ一週間もあるわ」

「ベッキーは小学校の朝礼に参加して、アリスはその日の午後に中学の集会に参加してね」モルディバ校長はアリスに微笑みました。

「えっ」アリスはびっくりして目をパチクリしました。

「ベッキーから聞きましたが、あなたは研究が得意なのよね、だからきっと発表もうまくいくわ」

「発表？」アリスは固まりました。

「最初に私に話してくれたように話せばいいんだよ、大丈夫、発表では写真とかを使ってもいいかもしれないね」ジェンキンス校長はそういって微笑みました。

ベッキーは、アリスの腕に手を置いて言いました。「いいじゃない？6月のほとんどを暑苦しい教室じゃなく、外で過ごせるのよ」

ジェンキンス校長がせきばらいをしました。「計画はもちろん天気に依存するので、野外授業でも、ある程度、教室での作業が必要です」

「もちろんです」ベッキーは、激しくうなずきました。

「素晴らしい、きっとうまくいくわ」モルディバ校長は、細い手を叩きながら立ち上がりました。

ジェンキンス校長も立ち上がって、またモルディバ校長と握手をしました。「貴校との合同プロジェクトができて光栄です、先生」

モルディバ校長も頭を下げました。「今から結果が楽しみだわ。さて、そろそろベッキーも授業の時間ね」

アリスは、二人と一緒に校長室を出て、ベッキーがモルディバ校長の後について建物を出るとき、小さく手を振りました。アリスはため息をついてから、ゆっくり教室に戻りました。

「全校生徒の前で発表するの？いいえ、それだけじゃない、中学でも！クラスで発表するのも苦手なのに、できるわけないわ。ベッキーみたいだったら良かったのに」アリスは、震えながら教室に戻りました。

11. リスクのある仕事

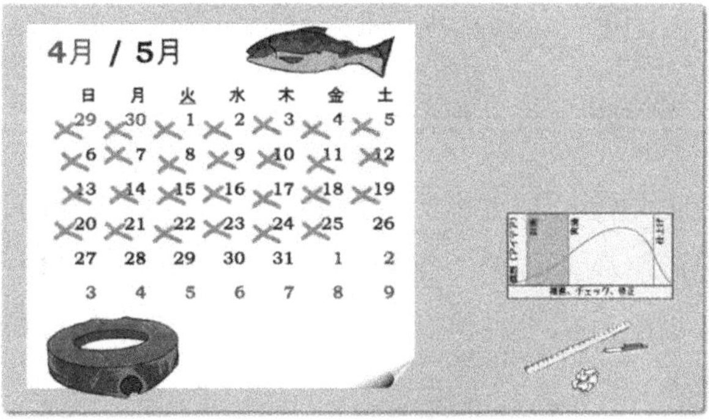

「アリスはどこ？」ベッキーはアマンダの家のキッチンで計画を立てながら聞きました。

「知らない、今日は見てないな」トムが答えます。

「そういえば昨日の午前中に体調が悪くなって学校

を早退したみたい。吐いたみたいよ」ベンが言いました。

「昨日の朝、小学校で会った時は元気そうだったのに」ベッキーは顔をしかめました。

ティムも目を見開きました。「ベッキー、昨日、モルディバ校長と一緒に小学校に来たの？みんな吸血鬼が来たって噂してたけど、何をしていたの？」

ベッキーは眉をひそめました。「川の清掃プロジェクトの話をしに行ったのよ。モルディバ校長に中学でのリードを任されて、小学校の校長先生に話を聞きに行ったのよ。そこで正式にアリスと私がプロジェクトの運営を任されたの」

「そこで何かあったの？」ジェームズが尋ねました。

「二人で協力して進めてほしいって言われたの。もちろん、みんなの力を借りて二人で運営していくつもりだから、それは問題ないのよ」ベッキーはうなずきました。

「もちろん、もともとアリスが発案者だしね」アマンダもうなずきました。

「で、なんで早退したの？」シャーロットが尋ねました。

ベッキーは肩をすくめました。「わからないわ。プロジェクトマネジメントをすることには納得していたと思うけど、金曜日の全校集会で発表することになったのよ」

「それで早退したんだ」ジェームズは首を振りました。

「この前授業で作文読むときも吐きそうになってたよ」トムが言いました。

「発表について、アリスは何も言ってなかったけど」ベッキーは顔をしかめました。

「二人の校長先生の前で？しかも、彼女の提案を支援してくれるって言われたら何も言えないでしょ！」ベンは鼻を鳴らしました。

「わたし、アリスと話をしてくる、クッキーを取っておいてね」ベッキーはそう言って立ち上がり、椅子をテーブルの下に戻しました。

ジェームズは笑いながらクッキーに手を伸ばしました。「何で？もう2つ食べたでしょ」

「アリスの分よ」

「わかった、とっておくわ」スーザンは、クッキーをナプキンに包みながら言いました。

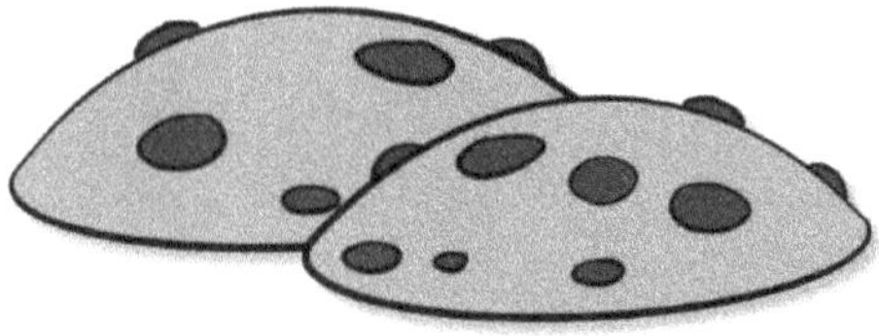

ベッキーは息を切らしてアリスの家の玄関まで来ると、ベルを押しました。アリスのママがドアを開けたとき、まだ息を切らしていました。

「あら、ベッキー、大丈夫？」

ベッキーはうなずきました。「大丈夫です、アリスは？」

「ああ、ベッドで横になっているわ、昨日学校から帰ってきてからおなかが痛くて、夕食も食べられなかったのよ」

ベッキーはうなずきました。「聞きました。少しでも良くなるといいと思って来てみたんだけど」

ママは微笑みました。「来てくれてありがとう。でもあなたはお医者さんじゃないでしょ」

「とにかく会えませんか？」

「あなたにうつしたくないのよ。お母さんはなんて？」

「大丈夫、もうかかったことがあるから」

「何の病気かわかるの？」

「ええ　ステージ恐怖症です、来週の集会で話すことになっているの」

「あら、私には何も言わなかったわ、治せると思う？」

「やってみるわ」

「わかったわ、じゃあ上がって話してみて」アリスのママは微笑みました。

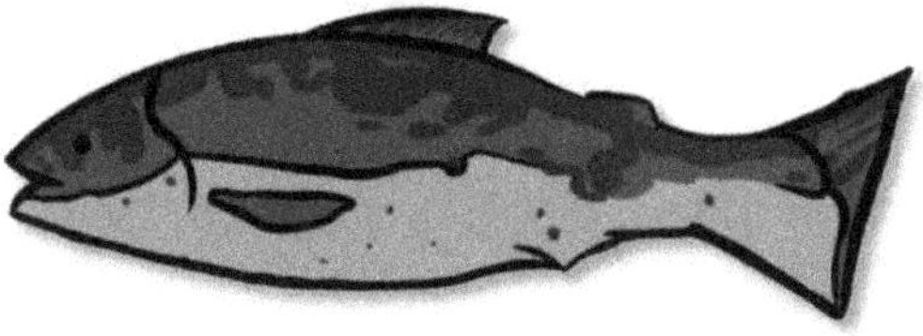

コンコンコンコン

「どうぞ」アリスはベッドの上に横になって毛布をあごまで引き上げながら言いました。

「だいじょうぶ？」ベッキーはドアを開けて言いました。

「昨日、学校で吐いて早退したの」アリスは青白い顔でささやきました。

「聞いたわ」

「休み時間に食べたグラノーラバーが腐っていたのかも」

ベッキーは微笑みました。「作文のことを聞いたわ、人前で話すのが嫌いなのね」

「ええ、好きじゃないわ、本当に苦手なの」アリスは毛布を鼻にかけました。

ベッキーはベッドに腰掛けて言いました。「川をきれいにして魚を助けたいんでしょ？」

「うん」アリスは涙を流しながらゆっくりとうなずきました。

「プロジェクトマネジメントするのが心配なの？」

アリスは首を振りました。「あなた達が手伝ってくれるから大丈夫よ」

「先生たちに説明するのが心配なの？」

「そうじゃないわ」アリスは首を振りました。

ベッキーは笑みを浮かべました。「そうよね、あなたならできるわ」

アリスはうなずいて、毛布をあごの下にはさんで言いました。「それは楽しみだわ」

ベッキーは手元に視線を落とし、アリスの目をまっすぐ見て言いました。「みんなの前で話すだけじゃない？」

アリスは震えました。「ベッキーは、なんでそんなに簡単にできちゃうの？全校生徒の前で２回も」

ベッキーはため息をつきました。「簡単じゃないわよ。アリス、でも慣れるわ。緊張しないようにする方法もあるわよ。全員のはだかを想像するとかね」

「えっー、気持ち悪い」アリスは少し笑いました。

ベッキーも笑いました。「うん、キモいでしょ。本当はそんなことしないわ。緊張しているときは、一人ずつ別々に話すつもりで集中するの。だから一度にたくさんの人と話すのとは違うのよ」

アリスは毛布をはねのけて立ち上がりました。「じゃあ、他の人はいないことにするの？」

「そうじゃないわ、その人と二人で話しているつもりになるの、会話しているみたいに、会話は同時には一人の人としかできないでしょ？」

アリスはうなずきました。「確かに、それならできそうだわ」

ベッキーはアリスの肩に手を置いて言いました。「いい、あなたならできるわ。相手と会話して説得できるでしょ。校長先生にも一人で交渉して、びっくりしたわよ。集会では子供たちに話すだけなんだから」

アリスは目を拭きました。「一度に一人の子？」

ベッキーはうなずきました。「そうよ、今、私が何を心配しているかわかる？」

アリスは笑いました。「あなたには不安なんてないでしょ」

ベッキーは首を振りました。「学校のみんなにどう説明すればいいのかわからないの。あなたの助けが必要よ。アリス、あなたは調査したり、それを掲示板やスライドに分かりやすくまとめるのが得意でしょ。川や魚についての知識もあるし、私はそういうの苦手だから」

アリスは微笑みました。「そういうのは好きよ」

ベッキーはうなずきました。「私たちにはお互いが必要なのよ。これをやり遂げるには他のみんなの協力もね。私たちは小さなチームよ。私が川の現状を伝えるから発表資料をまとめて。発表は私が中心に進めて、必要なところでアリスに補足をしてもらうわ」

アリスはうなずきました。「うん、わかった、やってみるわ。“一度に一人の子”が合言葉ね」

ベッキーは立ち上がりました。「よし、他のメンバーがアマンダの家に集まっているから戻らなきゃ。あなたも来るわよね」

アリスはうなずきました。「うん、服に着替えて朝ごはん食べないとだからちょっと待ってて」

「スーザンがあなたのためにクッキーをキープしてくれているわ」

「じゃあ朝ごはんはいらないわね」アリスはにっこりしました。

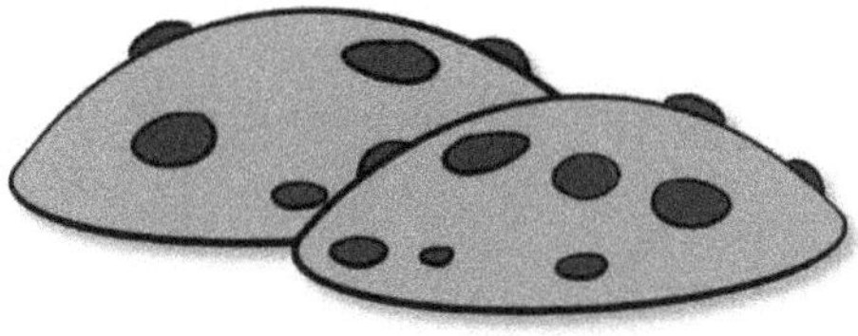

「元気になってよかったわ」アリスがアマンダの家のキッチンの席につくと、アマンダは微笑みました。

「ありがとう、アマンダ」アリスはスーザンがラップに包んでとっておいてくれたクッキーを食べながらうなずきました。

「やることがたくさんあるわ」ベッキーは言いました。

「月曜日には先生たちへの説明があるし、金曜日の集会で話す資料も準備しないとだわ」

「あとリスク対策もね」アリスはつぶやきました。

「そうだね！」ベンは微笑みました。

「ついこの間までリスクを嫌っていたのに、ずいぶんと興奮しているわね」アマンダはからかいました。

「リスクの本質を理解したからね。みんなが誤解していたんだよ」ベンは肩をすくめました。「よし、じゃあ月曜日の先生方への説明の準備から考えよう」

「ベンも説明会に参加したら？」ベッキーは肩をすくめました。

「各チームが説明するといいかも」アリスも言いました。

「いい考えね、ベン、そうしなさいよ」スーザンも言いました。

ベンは微笑みました。「そうだね、覚えている？リスクは 1 つじゃなくて、それを引き起こすいろんな可能性と、それによって起きるかもしれないことだって」

「そういえばサミーのパパがそんなこと言っていたね」ジェームズはあくびを我慢して言いました。

「起きて欲しい正のリスクと、起きて欲しくない負のリスクがあるんだ」エドワードは言いました。

ベンはうなずきました。「エディ...、じゃなくてエドワードがいう通り、正のリスクはチャンスで、負のリスクは脅威ってことだね」

「負のリスクはゴメンだな」サミーは首を振りました。

「程度によるでしょ」ベンは肩をすくめました。

「そうだね」サミーは言います。

「リスクの重要度だね、他にもあるよ」エドワードは言いました。

「うん、リスクを見つけて、その影響と可能性を見積もったら、それをどう扱うかを決めるんだったね、リスクの対応には、予防や影響の低減、あるいはリスクを受け入れる場合もあるね」

「自分のプロジェクトで悪いリスクは起きて欲しくないよ」サミーは首を振りました。

「サミー、残念だけど、どのプロジェクトにもリスクはつきものなんだよ」

「でも、悪いことは起きて欲しくないよ」

「みんなそう思うよね、だから、本当に悪いことが起こりそうな場合は、上手に注意深くその可能性や影響を減らしたいよね」

「リスクを無視したら？」

ベンは首を振りました。「無視しても、実際にリスクが消えるわけじゃない。だから何かしら対応ができるリスクを考えないと意味がないんだ」

「もしリスクが起きたらどうすればいいの？」

「リスク事象になんらか対処しないとだね。でも、起きそうなリスクを想定できれば、あらかじめ対応を計画しておける」

「1つでっかいリスクがあるの知ってる？」ベンは尋ねました。

「何？」ジェームズは肩をすくめました。

「リスクを心配しすぎて行動をおこせなくなるリスクだよ、これだとプロジェクトが進まないでしょ」

「現実的にならないとね」ティムは言いました。

「ゾンビの心配をするとか？いるかもしれないけど」トムは言いました。

「そういうこと！簡単でしょ」スーザンは言いました。

「えっ、どういうこと？」サミーは首を振りました。

スーザンは微笑みました。「簡単よ、実際に起こりそうなことを考えるの。作業中にゾンビやエイリアンが襲って来たり、空から隕石が振ってくる心配をする必要はないわ。もっと身近で起こりそうなことを考えるのよ」

「ああ」サミーは言いました。

「大丈夫、これまでも複雑なことを単純な部分に分解して解決してきたでしょ。リスクも同じよ」スーザンはベンを見ました。

「うん、確かに、サミー、川の清掃で起きそうなリスクって何かな？」ベンはうなずきました。

「川に落ちる」

「他には？」

「釘で怪我をしたり、泥に足を取られたり、崖から滑り落ちたり...」

「足を折ったり？」アマンダがつけたしました。

「それは遠慮しとくよ」ベンは苦笑いしました。

「気を付けないとまた起きるかも」ベッキーは言いました。

「注意しないと、もっといろんなことが起こりうるね」ベンは首を振りました。

「怖いね」サミーは震えました。

「でも、起きないこともたくさんあるわ」ベッキーは言いました。

「たとえば？」サミーは訪ねました。

「感電するとか、車にひかれるとか？」

「でも川には車があるよ、ベッキー」

「そうね、動かない車につかまちゃったわよね」ベッキーは微笑みました。

「たしかに」サミーはうなずきました。

「川の掃除に関連するリスクは単純な事故が多いわね」アリスは言いました。

「だから、怪我をしないためにも大人のいうことをちゃんと聞くことが大事なんだね、そして、ゴム長靴や手袋などの安全装備を使う」ジェームズは言いました。

「どれも単なる常識だけど、実際にはできていないことが多いよ、サミュエルがそうだったし」エドワードは言いました。

「ベッキーの言うことを聞かなかった」サミーは言いました。

「今度ちゃんと言うことを聞く？」ベッキーは眉毛をあげて尋ねました。

「はい、ベッキー」サミーは下を向きました。

「よし、じゃあ、これらのリスクの対策を考えて先生たちへの説明資料をつくろう、必要に応じて途中で計画を調整しよう」

「計画は変えてもいいの？」サミーは尋ねました。

「ええ、変えられるわ、私たちの計画だもん」

「先生たちに話した後でも？」サミーはさらに突っ込みました。

「先生に話した後は、私たちだけで勝手に計画を変えられないわ、変更する前に相談しないと、先生たちは大事なステークホルダーだし、プロジェクトチームの一員でもあるからね、サミー、よくわかっているじゃない！」アリスは言いました。

サミーはニヤリとしました。「ありがとう！早く魚たちのために川の掃除がしたいよ」

「人にとってもより安全な川になるといいね」エドワードは言いました。

「ぜったいそうなるよ」サミーは激しくうなずきました。

12. 恐怖と向き合う

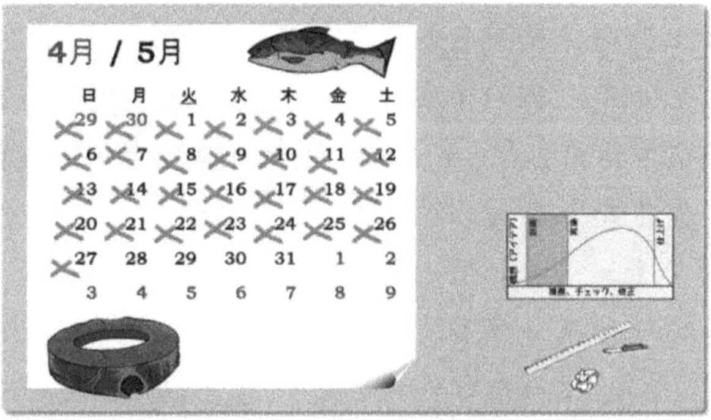

「さあ、みんな入ってちょうだい」チャン先生は教室の入口から一歩下がって言いました。

アリスが教室に入り、ベン、ジェームズ、ティム、トム、サミーがそれに続きます。アリスは自分の席に向かおうとして立ち止まりました。誰かがもう座っています。

「あちらに座ってください」チャン先生は教室の前のほうを指さしました。

アリスは、いつも先生がいる側に座って、落ち着きませんでした。逆に十数人の先生が子供たちの席に体を縮めて座っていました。机と椅子がつながっていないのでまだマシですが、それでも、二列目に座っている一番背の高い先生の脚が最前列の机の下まではみ出していました。アリスは、先生たちがみんな縮こまって座っている様子がおかしくて思わず笑ってしまいました。

「ジェンキス校長をお待ちしています。もうすぐいらっしゃると思います」チャン先生は、後ろの席からうなずきました。6人の子供たちは気まずい沈黙の中、先生たちを見つめて座っていました。中にはスマホをチェックしている先生もいました。アリスは、ベッキー、スーザン、アマンダ、エドワードたちも中学で同じような状況にいるかもと想像していました。校長先生が部屋に入ると、みんなスマホをしまって姿勢を正しました。校長先生は、生徒と先生の場所が入れ替わっているのを確認して微笑みました。

「皆さん、今日は午後から集まってくれてありがとう、アリス、席の場所が普段と逆でびっくりしたかい？」

「は、はい」アリスはあわてました。

ジェンキンス校長はうなずきました。

「違和感を覚えたかもしれないけど、それが本意じゃあない。このプロジェクトの担当が君たちであることをはっきり示したかったんだよ。今日は、先生方に何か新しいことを教えてくれると期待しているよ」

「リスクについて話します」ベンはニヤリとしました。

ジェンキンス校長は、他の先生の横に座って微笑みました。「いいね、大事なことだからね、じゃあアリス、プロジェクトの概要を教えてくれないかい。それから先生方と一緒に、どうやって授業に取り入れていくかを詳しく考えよう」

アリスはつばを飲み込んでから立ち上がると突然緊張が襲ってきました。でも、小さい机に体を押し込んで座っている先生たちや校長を見て笑えました。そのおかげで緊張が少し和らいだようでした。チャン先生は微笑んで話を始めるように合図しました。

「みなさん、来ていただいてありがとうございます。川を掃除する目的は、安全や汚染を減らすことだけではありません。魚や他の生物にとって重要な生息地を取り戻すことです」

アリスはそれから 5 分間、川のこと、掃除の長期計画、そしてなぜそれが重要なのかについて話しました。気が付くと、ホワイトボードに絵を描いて説明していました。振り返ると、真剣な顔でうなずいたり、机に身を乗り出して熱心にメモを取っている先生もいました。

先生の一人が手を挙げました。アリスは突然のことで戸惑いましたが、ニコッと笑ってうなずきました。その先生は手を下ろして言いました。「野外活動で様々な重要な学習項目をカバーできることは判りました。集めたゴミを使った工作展示会をすることもできると思います。でも、特に小さい子供たちの安全を確保するにはどうしたら良いでしょう？どんなリスクがあると思いますか？」

アリスは、立ち上がったベンのほうを見ました。

「ぼくが答えます」ベンはアリスの横に言って、ペンをとり、ホワイトボードに表を書いて、リスク、可能性、重大度、影響、予防、是正の見出しをつけました。「リスクのほとんどは転倒や怪我などに関連するものです。生徒が全員、安全装備を持参したり、安全についての説明会をするといいと思います」

リスク	可能性	重大度	影響	予防	是正
川に落ちる	中	中	濡れて風邪をひく、助	川の近くで遊ばな	救助

			けがなく溺れる	い	
ﾌﾞﾗｯｸﾍﾞﾘｰのﾄｹﾞで怪我	高	中	切り傷	ﾌﾞﾗｯｸﾍﾞﾘｰの伐採、長袖、長ズボン、長靴、手袋	救急箱
障害物で足を怪我	中	中	釘を踏んで切り傷	長靴、足元注意	救急箱や医者
転んで谷に落ちる	中	中	切り傷や骨折	昇降ロープ、はしゃがない	救急箱や医者

ジェンキンス校長が手を挙げました。「手袋、長靴、ジャケット、長袖シャツを持っていない子がいたら、忘れ物箱にあるかもしれないよ」

ベンは微笑みました。「素晴らしい！あと、川に行く前にブラックベリーの木を伐採したり、ロープを設置して川への上り下りを楽にできるようにする必要があります」

次にウィルソン先生が手を挙げました。「私の姉が造園業をやっているからブラックベリーの伐採を手伝えるかもしれないわ」

「草刈機を持っているよ」と別の先生が申し出ました。

その後も次から次へとたくさんの先生が、川を野外学習の場にするために必要な支援を申し出てくれたり、人を紹介してくれました。「川をきれいにする」という目標は、もはや不可能ではなく、難しいだけのものになりました。そして、その難しさが目の前で一つずつ解消されていくのを見て、アリスは「これはいける！」と確信しました。

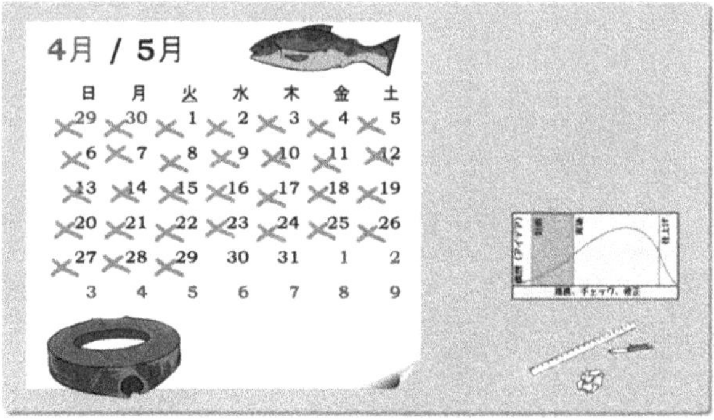

その日、ベッキーは慌てていました。アリスは一所懸命に発表資料を作成し、ベッキーも放課後にたくさん練習をしました。でも、何かが足りない気がするのです。

「こんなので本当に大丈夫かな？」15 回目のリハーサルの後、ベッキーは尋ねました。

「とてもいいと思うけど」アリスは肩をすくめました。

「ありがとう、でも、なんかおかしくない？」

「どこが？」

「遡河性（そかせい）ってどういう意味？」ベッキーは原稿を指さしました。

「海の魚が産卵のために川をさかのぼることよ」

「知らなかったわ！」

「でも、今知ったでしょ。私も調べて知ったんだけど。集会で話すとき、難しい言葉を使ったほうが説得力があるでしょ」アリスは微笑みました。

「アリス、難しい言葉がいくつもあって、どれも意味がわからないわ。もし質問されたらどうすればいいのよ？」ベッキーは原稿の紙を振りました。

「そうね」

「これじゃうまくいかないわ」ベッキーは、原稿を放り投げて身震いしました。

「でも、それじゃなきゃダメなの！」アリスは泣きそうになりながら言いました。

「アリス、どうすればいいかわからないけど、私は自分の言葉じゃないと話せないわ。あなたの言葉じゃなくて。アリスは、専門用語をぜんぶ覚えているかもしれないけど、私はどれも引っかかるのよ」

「いいわ、じゃあ、書いてみたら？」アリスは、両手を挙げて言いました。

「どういうこと？」

「自分で書いたらいいでしょ、私の原稿が気に入らないなら」

ベッキーはため息をついて、アリスに手を差し出しました。「アリス、そういう意味じゃないわ。あなたの調査や原稿は素晴らしいわ。わかってちょうだい」

「怒ってごめんなさい」アリスはため息をつきました。

「いいの、あなたが立ち上げたプロジェクトだからあなたなしではできないわ」ベッキーはアリスの肩に手を置きました。

「うん、そうね、私ができないスピーチをやってくれてありがとう」

「これは簡単なことじゃない、だから意味を正しく理解しないといけないわ。みんなに子供扱いされたくないし。とにかく話をしっかり聞いてもらうことが一番大事でしょ」

「実際子供でしょ。でも、私が間違っていたわ。自分の言葉で話さないと伝わらないわよね。あなたのスピーチって本当にすごいんだから、知ってた？」

「うまくできたのは、1、2 回だけよ」ベッキーは赤面しました。

「ううん、そんなことないわ、さあ、あなた自身の言葉に書き直してみましょう」

「本当にそれでいいの？」ベッキーは念を押しました。

アリスはしっかりとうなずき「もちろんよ、自分の言葉なら、誠実に信念を持って話せるでしょ」

「アリス」

「なに？」

「遡河性（そかせい）は残しましょう。意味はわかったし、なんかカッコイイわ」

「了解！さあ、仕事にかかりましょう！」アリスは明るく笑いました。

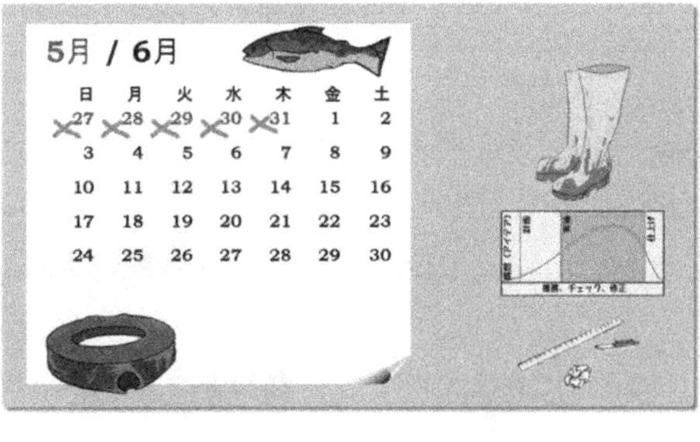

小学校の体育館での大きな話し声は外の廊下まで響き渡り、アリスは落ち着かない様子で手に汗をかいて立っていました。ベッキーはアリスの肩に手を置いて微笑みました。

「大丈夫よ。私がほとんど話をするから、ね？」

アリスはつばを飲み込んでうなずきました。「うん」

「USB メモリーは持っている？」

アリスはうなずいて、汗まみれの握りこぶしを開けるとハローキティのキーホルダーが姿を見せました。

ベッキーは眉を上げました。「よし、オルトワーシさんが私たちを呼びにきたら、USB メモリーを渡すのよ、いい？」

アリスが「ダメ」と言おうとした瞬間、体育館の扉が開いてオルトワーシさんが笑顔で現れました。彼女は片手で扉を抑えながら、空いたほうの手で手招きをして言いました。「さあ、あなたたちの出番よ、頑張ってね」

ベッキーは、アリスの気が変わる前に彼女の手を取り、扉に導きました。アリスは USB メモリーをオルトワーシさんの手のひらに置き、体育館に入る前に深呼吸をしました。アリスは数百の目が自分を見つめているのを感じました。彼女はステージに向かうとき、下を見て自分たち以外誰もいないのだと思い込むようにしました。ベッキーは手を離して、アリスが先にステージに上るように促しました。アリスは一歩踏み出すたびに、心臓が喉から飛び出すのではないかと感じました。ステージに上がると、真正面にジェンキンス校長の笑顔が見えました。右手に数百人の全校生徒の視線を感じましたが、そちらに目を向ける勇気はありませんでした。

オルトワーシさんが USB メモリーを差し込み、発表スライドの最初のページを映し出すと、ベッキーはアリスの手を取って一緒に演台に向かいました。ジェンキンス校長が二人を紹介している間、演台の 2 歩手前で待ちました。

「今朝は、この学校の卒業生と 6 年生の 2 人に特別な発表をしてもらいます」

アリスは「イェー！」という観覧席からの声を聞いて思わず顔を上げました。声の主、ベンのニヤリと笑う顔が目にとまりました。

「一度に一人の子」アリスは自分に言い聞かせて、まずはベンから始めることにしました。

校長先生は手を挙げて続けました。「2 人は今、とてもユニークな方法で、今年度の残りの授業に大きな影響を与えるプロジェクトをリードしています」

アリスは、生徒たちが興味を持って前かがみになるのを感じましたが、視線はベンに向けたままでした。

「ほら、アリス」ベッキーはそうささやいて、今まで校長先生がいた演台に上がるようにアリスの背中を押しました。

アリスが前に出ると、すり減ってテカテカに光る演台の木目と、目の前に突き出た黒いマイクが目に入りました。それから目を上げると、ベンを見失っていました。一瞬あせって必死に探しましたが、そのうちクラスの女の子を見つけて安心してニコリと微笑むと、彼女も笑顔を返してくれました。

「彼女が発表すれば良かったのに。彼女なら少なくとも発狂したり、気絶しないでステージに立っていることはできたはずだわ」アリスは心の中でそんなことをつぶやきました。

ベッキーは、アリスが準備したプレゼンテーションの概要に従って川について話し始めました。アリスは瞬きをして、その女の子を見失ってしまいました。それからトムが観覧席の端で微笑んでいるのを見つけて、深呼吸しました。

「このプロジェクトで最高なことは...」ベッキーはアリスを肘でつつきました。

アリスはベッキーの方を向いて眉を上げてささやき

ました。「何？」

ベッキーは微笑みました。「良い知らせをみんなに伝えるのはやっぱりあなたじゃない？」

アリスはつばを飲み込み、背後のスクリーンに投影されているスライドを確認するため、目の前の小さなモニターをちらりと見て、うなずいて一息いれてから群衆全体を見渡しました。友達の顔を探しましたが、照明のせいで誰も見えません。

「ええと...最高なのは、授業のいくつかを外でできることです」

ベッキーは首を振りました。「それはもう話したわ」

数人の子がクスクスと笑いました。

ベッキーはにっこり笑って言いました。「もう一つのほうの話よ」

アリスはなんのことかわからず瞬きをしましたが、すぐに気が付いて笑顔になり、思わず大きな声で出ました。「最高なことは、安全できれいな川を取り戻すことです！」

その声はスピーカーで増幅されて体育館の外まで響き渡りました。

「小中学校が合同で！そうすれば、魚も戻ってくるわ」ベッキーはアリスの肩に手をかけました。

部屋は拍手と「魚！魚！魚！」の呼び声で爆発しました。アリスは、不思議そうにみんなの顔を見回していました。

校長先生が来てアリスの肩に手をおくと「良かったよ、アリス。よくやった」彼はそうささやき、二人は演台から降りました。

アリスは、自分の体がフワフワと羽のように軽く感じました。ベッキーの後について、宙に浮いているように階段を降りると、二人は体育館のはじっこの壁に寄りかかって座り、集会の続きを聞きました。

ベッキーはアリスのほうに首を傾けてささやきました。「どうだった？」

アリスは真ん中に演台のある大きなステージを見上げました。アリスは、死ぬことも、吐き気をもよおすこともなくそこに立っていたのです。「ええと、たぶん、大丈夫だった？」

ベッキーは笑いました。「面白い子ね、すごくよかったわよ、本当に」

「私はほとんど話さなかったから」

「そんなことないわ、午後も頑張れる？」ベッキーは尋ねました。

アリスは、自分のお腹に手を当ててみましたが今日は吐き気もしません。「うん、でもベッキー...」

ベッキーはアリスに寄りかかりました。「何？」

「もう少し私が話してもいい？」

ベッキーは眉を上げました。「ほんとうに？」

「うん」アリスはゆっくりうなずきました。

「どのくらい？」

「最後の１分ぐらい」

ベッキーは背筋を伸ばして座りなおし、意地悪な笑いを浮かべて言いました。「この子怪物だわ！」

アリスは、ひじでベッキーの胸をつつきました。「フフッ、でも行き詰まったら助けてね」

ベッキーはうなずきました。「もちろん、友だちでしょ」

アリスは壁にもたれて優しい微笑みを浮かべながら残りの集会に耳を傾けました。

13. 両手いっぱいの手袋

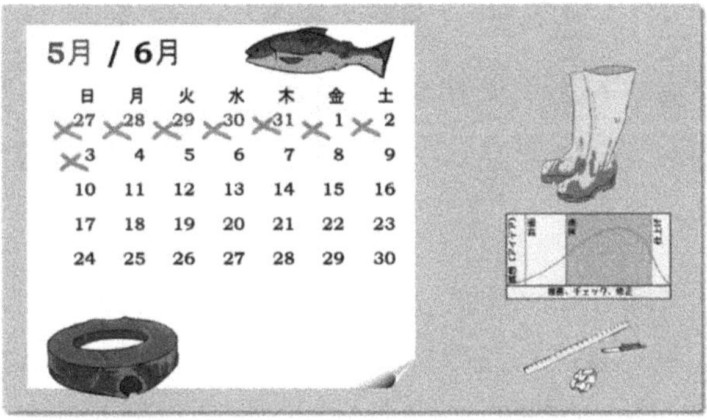

すべての準備は整いました。先週、ウィルソン先生のお姉さんが経営している造園会社が、ボランティアで来てくれて、ゴミが集中している区域の川の両側の土手に生い茂っていたブラックベリーを伐採してくれました。週末には他の数人の先生方が草刈機

で雑草を一掃してくれたので、かなり視界が広がりました。ジェンキンス校長がロープを用意してくれたので、プロジェクトチームは土手の上にある木にしっかりと結びつけ、一定の間隔で結び目をつけて、斜面の上り下りを楽にできるようにしました。

アリスは、朝登校する時には雨が降るのではないかと心配していましたが、始業のベルが鳴る頃には、空は晴れて鮮やかな青空になっていました。彼女は教室を見回して頭の中のチェックリストと照合しました。「シャベルよし、バケツよし、長靴と手袋、ジャケットと古着の長袖シャツ、安全装備も OK」

そして外を見て...「しまった！」

「どうしたの、アリス？何か忘れ物？」チャン先生は持っていたクリップボードから顔を上げて尋ねました。

アリスはうなずきました。「日焼け止めを忘れてた！もうすぐ夏だし、今日は日差しが強くなりそうだからみんな日焼けしちゃうかも、リストに入れておくべきだったわ」

チャン先生はクリップボードを置くと、小さな戸棚を開けて中から大きな四角い日焼け止めのボトルを取り出しました。「だいじょうぶ、抜かりはないよ。今朝、小雨が降ったけど、外での活動に支障はなさそうだね」

始業のベルがなると先生はクリップボードを手に取って言いました。「さあ、みなさん、出席をとるから席について、午前中はずっと外で過ごすから安全装備を忘れずにね」

「日焼け止めもね」アリスはそう言って席につきました。

「はい、日焼け止めも塗っておいてね、明日は帽子も持ってきてください」チャン先生は微笑みました。

「あと、虫よけスプレーもね」アリスはうなずきました。

チャン先生が出席をとると、子供たちは長靴に履き替えて、長袖シャツやジャケットを着ました。大きすぎるジャケットの袖からいろんな手袋が顔を覗かせています。準備が整うとみんな外に出ました。アリスもバケツを持って教室を出ようとすると、チャン先生が言いました。

「アリス、校長先生が持ち帰ったゴミを入れるコンテナを用意してくれたんだ、たくさん集まるといいね」

「ありがとうございます！」アリスはにっこり笑いました。

「低学年の子たちが、分別して、数えてからね、今日は算数の授業だから」

「はい、ゴミは自分で点呼できませんからね！」アリスはそう言って笑いました。

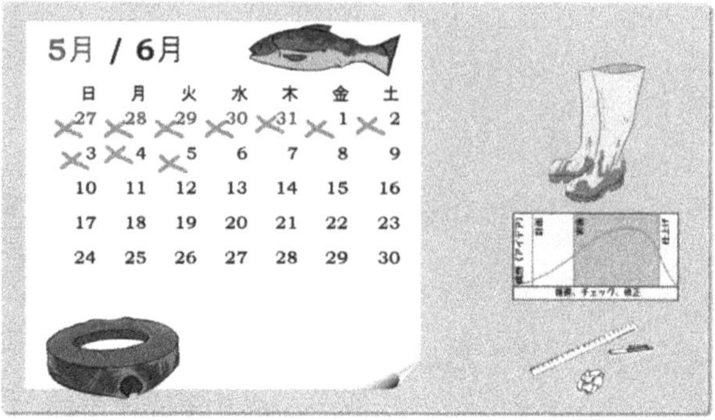

清掃活動の最初の数日間はあっという間に過ぎました。クラスごとに川に入って、魚や他の生物たちが生息するには、川の環境を改善しないといけないことを学びました。

「昆虫たちもね」ベンのクラスの茶色の髪の女の子シャロンが言いました。彼女は古いチェック柄のシャツに青いジーンズ、ピンクの長靴をはいて、髪の毛のリボンに合わせた緑の手袋をしていました。

「その通りね。生き物たちは自然の中で互いに食べたり食べられたりしながら生きているのよ」ウィルソン先生は微笑みました。

「鳥とか」「カエルも」ティムとトムが順番に言いました。

「そうね、川がきれいになれば虫たちも卵を産めるわね。でも、蚊が増えるかも」

「蚊は刺すからキライ」シャロンが首を振ると緑のリボンを揺れました。

「蚊の赤ちゃん、ボウフラを食べる魚もいるよね」ベンは言いました。

「じゃあ魚が増えたら、蚊が減るかしら」シャロンは微笑みました。

ティムとトムは顔を見合わせました。「だといいね！」とトム「まずは魚の棲む場所を準備するのが先だけどね」とティムが言いました。

「もうバケツが一杯だよ」ベンは灰色のバケツにゴミを入れながら言いました。

ウィルソン先生は、泥に埋もれた三輪車のフレームを引っ張りだしながらベンを見上げました。「ゴミを捨てておいで、必ず誰かと一緒にね」

「私のも一杯よ！一緒に行ってもいい？」シャロンが言いました。ベンは断ろうとしましたが、口を開いたのは先生の方が先でした。「いいわよ、走らないで、坂道に気をつけてね。草が滑りやすくなっているから」

「はい、大丈夫です、リスクマネージャーがついていますから」シャロンはニヤリと笑いました。

「そ、そうだね、まかせて」ベンはまばたきをして、うなずきました。

シャロンは微笑んでロープを指差しました。「登る時ロープを持っていてくれない？」

ベンは赤くなってロープのほうに歩いてゆきました。

「ありがとう！」

ベンがロープを握ってシャロンが先にあがりました。途中いくつかのゴミがバケツから落ちました。ベンはため息をついて、それを拾いあげてからロープを登りました。ティムとトムは、森を抜けて学校に向かう二人の様子を見て肩をすくめました。

「ぼくのバケツもいっぱいだ」トムは言いました。

「捨てに行ってもいいですか？」ティムは尋ねました。

「いってらっしゃい」ウィルソン先生はうなずきました。

ティムとトムは急いでロープをのぼり、ベンとシャロンを追いかけました。ゴミ収集用コンテナのところに行くと、二人はバケツのゴミをコンテナに入れていました。他にもゴミでいっぱいになったバケツやゴミ袋を持った子が4人いました。そこでは、1年生の子たちが担任の先生に従ってペットボトルやプラスチックごみを拾い集めていました。

「私たちがゴミを集めて、1年生はそれで作品づくりか。なんか不公平じゃない」シャロンは文句を言いました。

「不要品を、リサイクルと廃棄用コンテナに分別する作業も結構大変だよ」ベンは肩をすくめました。

「ガラスの破片に触らないようにね」トムは補足しました。

「それを拾うのは先生の役目」ティムは言いました。

「ゴミの数を数えてから分別するんだって。先生は勉強させるのが仕事だから大変だね」ベンは言いました。

「川で泥んこになるのは楽しいよ」ティムは言いました。

「勉強よりずっとまし」トムは言いました。

「でも、作文を書いて発表するんでしょ」シャロンは言いました。

「それを..」「...言わないで」ティムとトムはうめきました。

「アリス以外の全員ね。それって不公平じゃない？」シャロンは言いました。

「アリスはプロジェクトの進捗管理で忙しいからね。いろいろ計算してまとめているみたいよ」

「へぇー、私にはクリップボードを持って歩き回っているだけにしか見えないけど」シャロンは眉をひそめました。

「アリスは泥だらけになるのも好きだよ」トムは言いました。

「誰かさんとは違ってね、君の靴はきれいだけど」ティムは言いました。

「ここに来る前に川の水で洗ったからよ、私だって泥んこなんか気にしないわ」シャロンは舌を突き出しました。

「へぇ、そうなんだ？」トムをにやにや笑いました。

「見てみたいね」ティムは言いました。

「あなたたちには負けないわ！女の子のほうがなんでも上手なのよ」シャロンの頬は、ピンク色になりました。

すると3人は川に向かって走り出しました。

「ゆっくり！走らないで！もう、待ってよ」ベンはため息をつきました。

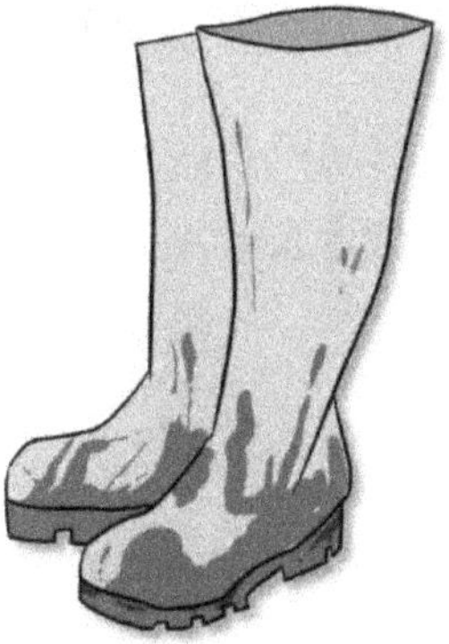

「おやおや、よく働いたみたいね」ウィルソン先生は、川から戻ってきた生徒たちを教室の前で整列させて点呼をとっていました。

生徒たちは、頭からつま先まで泥だらけになって、眼だけをギラギラさせて笑顔で先生を見ていました。

「まあでも今朝は少し夢中になりすぎたみたいね」先生は、ゆっくりと頭を振って眉をひそめると、生徒たちの顔から笑顔が消え、みんな下を向いてしまいました。

「そんな泥だらけじゃ教室に入って作文は書けないわね」

数人の泥のそばかす顔が期待の笑顔に変わりました。

「作文を書かなくてもいいんですか？」一人の子が尋ねました。

「今日はね」先生は指を唇に当てて言いました。

「やった！」ティムかトムのどっちかが言いました。泥んこ顔で区別がつきません。

「国語の授業は午後に回して、午前中は体育にしましょう」

「でも、泥だらけだよ！」だれかが言いました。

「そうね」先生は首を振って、険しい表情で目を閉じました。

「みんな校庭に出てランニングよ、用務員さんに頼んでスプリンクラーをつけてもらうわ」

それを聞いた子供たちは、大はしゃぎで芝生の校庭に向かって走り出しました。彼らの後には、乾いた泥の塊と笑顔でそれを見守るウィルソン先生だけが残っていました。

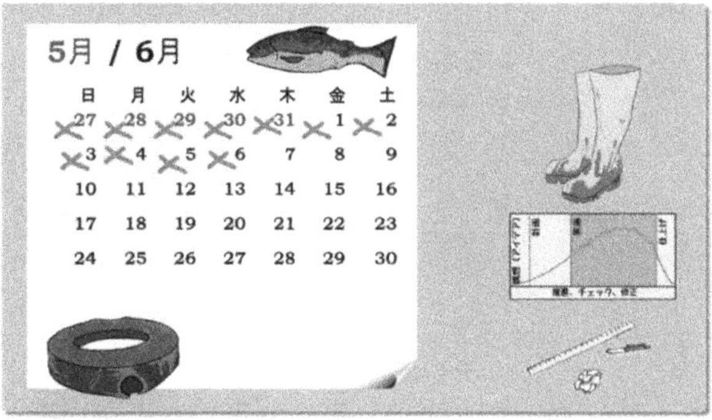

木曜日の昼休み、初めての児童アート展で幼稚園児と一年生の作品が展示されました。アリスはクリップボードを持って、笑顔で作品を見て回りました。中にはゴミから作られたとは思えないような素晴らしい作品もありました。アリスは一つずつ丁寧に見てメモをとりました。審査員の一人になるように頼まれたのです。自分のプロジェクトなので依頼を引き受けたのは良かったのですが、問題は最優秀作品を選ぶことでした。でもそれは良い練習の場になりました。なぜなら、彼女は午後、中学での展示会でもゲスト審査員を任されていたのです。小学校の残りの学年は来週別の展示会があり、そこにはベッキーがゲスト審査員として招かれていました。小中学校が同じ時期に川での授業をおこなったので、スケジュールの調整が大変でした。ベッキーとアリスは、川の地図と授業スケジュールを確認して、各区画が少なくとも2〜3回掃除されるように調整しました。

「審査はできたかい、アリス？」ジェンキンス校長はクリップボードを指差して尋ねました。

アリスは瞬きして、クリップボードから 3 枚の紙を取り出して渡しました。「はい、校長先生。素敵な作品がたくさんありすぎて選ぶのが大変でした」

「アリス、ありがとう、表彰式でそのことをみんなにも伝えるよ」ジェンキンス校長は大きな笑顔でそう言いました。

アリスは顔を赤くしました。「なんか夢みたいです」

「一人でも仲間と一緒に何かを変えられる。君たちからそれを学んだよ。アリス、よくやってくれた」

「ありがとうございます」ジェンキンス校長から褒められて、アリスはもっと赤くなりました。

校長先生はにこにこしながら職員室に戻っていきました。

「やったね、アリス」ティムは言いました。

「やるべきことは、まだたくさんあるわ」アリスは首を振りました。

「じゃあ、それをやっつけよう」トムは言いました。

「すべて順調、このまま突っ走るよ」ベンは言いました。

14. 妨害

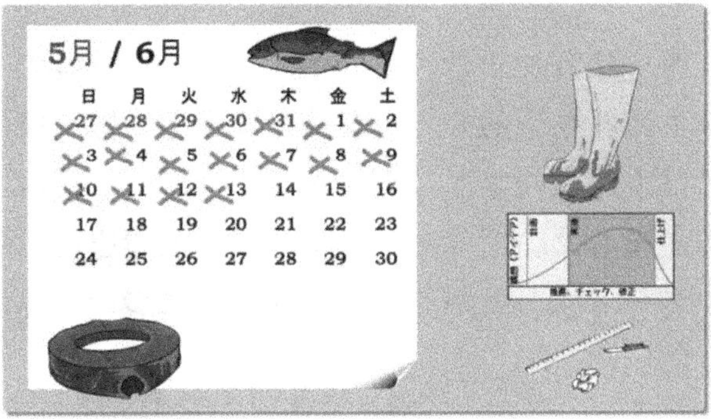

アリスは朝食を食べていると、玄関のドアを叩く音がしました。彼女はスプーンを置くと、口の中のシリアルを素早く呑み込んで言いました。「私がでるわ」

階段を下りて、玄関のドアを開けると、ベッキーが左手を腰に当てて息を切らして立っていました。「公園で何か起きている」

「何のこと？」アリスは、そう言ってベッキーの肩越しに見ると、森の入口に近い公園の端に、市の作業用トラックが駐車していました。その後ろに、荷物を積んだトラックも止まっています。

「わからないけど、作業員が川のほうに向かって行ったわ」

「何をするのかしら？」アリスは顔をしかめて首を振りました。

「中に入ってちょっと待ってて、朝ごはんを食べちゃうから。学校に行く途中で調べましょう」

ベッキーはうなずき、家の中に入ると、階段のカーペットに腰を下ろして息を整えました。数分後、アリスはカバンのファスナーをしめながら、階段を下りてきました。アリスが靴をはいて上着を着ると、ベッキーも立ち上がってアリスの後について外に出ました。

アリスは、歯の隙間から息を吸って、険しい表情をしました。「トラックのそばに誰かいるわ、何をしているのか聞いてみましょう」

ベッキーはうなずき、二人は階段を下りて、通りを渡りました。トラックの反対側に回り込むと、2人の作業員がトラックから鉄柱を下ろして芝生の上に並べているのが見えました。

「何をしているの？」ベッキーはトラックの荷台からコンクリートの袋を下ろしているベストを着た背の高い作業員に尋ねました。

「フェンスを作るんだよ」彼は、担いだ袋が重そうに答えました。

「どこに？」

「あそこの川沿いにさ」そう言ってあごで森のほうを指しました。

「えっ、そんなことできないわ！」ベッキーは目を見開いて言いました。

「もちろんできるさ、注文書もあるし」作業員は肩の袋を持ち直しながら言いました。

アリスは両手を広げて前に出ました。「何言っているの、私たちはあの川を掃除しているの」

「すぐに終わるさ、あの川は危険だから子供たちが近づかないように安全のために柵を作るんだよ」

ベッキーはアリスの横に歩み寄りました。「私たちの学校はこの川をきれいにして、魚が住めるようにしようとしているの、魚は好きでしょ？」

男は重そうに振り返りました。「もちろんだよ。フィッシュアンドチップスにレモンをかけたやつを嫌いなやつはいないだろう。悪いけどこれ重くってさ、もう仕事に戻ってもいいかな？」

アリスは足を踏みながら言いました。「今すぐやめて、校長先生に言いつけるわよ」

その作業員はため息をつきました。「文句があるなら、市長に相談してくれよ、彼女の指示に従っているだけなんだから」

「でも...」アリスはさらに食い下がりました。

「ねえ、魚を助けるのはいいけど、俺に決定権はないんだよ、工事を辞めて欲しいなら市長に直接かけあってくれ」

ベッキーは深呼吸しました。「どうすればいいの？」

「まずは、アポを取らないとだね、時間がかかるかもしれないけど、多分一ヶ月ぐらい」

アリスは草の上に横たわる長い金属製の支柱の山を見つめました。「うーん...フェンスの設置にどれくらいかかるの？」

彼は顔をしかめました。「支柱の設置に一日、コンクリートが固まるのを数日待ってからフェンスを張るから、天気さえ良ければ一週間ぐらいかな」

「1か月よりずっと短いじゃない」アリスは首を振り

ました。

「そういうことだ、学校でちゃんと勉強しているみたいだね」おじさんはニヤリと笑って言いました。

「どうやればもっと早く市長と話せる？」ベッキーが声をあげました。

男は肩の袋を持ち上げて担ぎなおしました。「わからないな」

ベッキーとアリスは、彼が森のほうに歩き出すのをしかたなく見ていました。蛍光ベストを着た別の作業員がシャベルと金属製のポールを肩に担いで続きました。

「どうにかして止めないと！」アリスは叫びました。

「そうね」ベッキーは頭を振りました。

アリスは校長室のドアを開け、オルトワーシさんの机の前で足を止めました。彼女は驚いてアリスを見上げました。「どうしたの、アリス？」

「フェンス、フェンスを作っているのよ！」アリスは頭を振って叫びました。

オルトワーシさんは顔をしかめました。「フェンスを作ってるって、誰が？どこで？」

「市が川に柵を作ってるのよ、清掃作業も終わってないのに！」

「えっ、それは大変ね」彼女はべっこう縁の眼鏡の上まで眉は上げて言いました。

「そうなの、校長先生と話せますか？」

「いいえ」

「大事なことなの！」アリスはまばたきをしました。

「まだいらしてないのよ、すぐにいらっしゃるわ」彼女は微笑みました。

「あぁ、ありがとうございます、来たら話せますか？」アリスは顔を赤らめました。

「朝礼まで数分あるから、きっと会ってくださるわ、席におかけなさい」

アリスはうなずき、古いプラスチックの椅子に腰を掛けました。彼女は落ち着かずに貧乏ゆすりをしました。

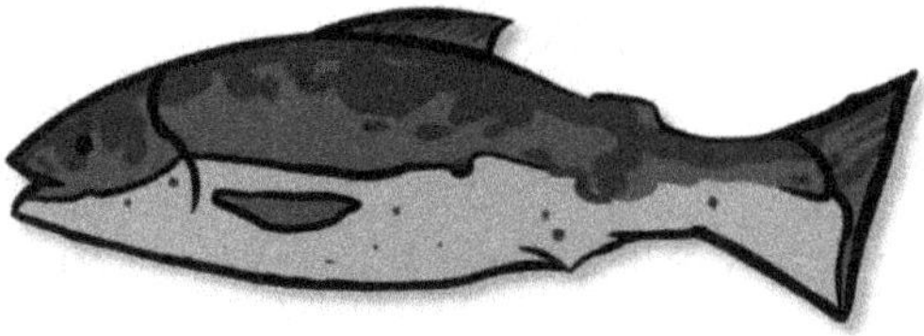

ジェンキンス校長は数分後にやってきて、アリスを見て立ち止まりました。「やあ、アリス、元気かい」

アリスは立ち上がって首を振りました。「いいえ、校長先生、私たちが川に近づけないように市がフェンスを作っているんです」

ジェンキンス校長は眉をひそめました。「そうか、アリス、話を聞くから部屋に入りなさい」

アリスは校長先生の後について部屋に入りました。もう他の生徒の目を気にしている場合ではありません。校長先生はブリーフケースを机の横の床に置き、木製の椅子に座りました。前かがみになると椅子のバネがわずかにきしみました。そして、アリスに机の前の席に座るように手招きしました。アリスは座ってその朝の出来事を話し始めました。ジェンキンス校長は椅子の背にもたれて指を唇に押しあてました。「うーん、それはきっとサミーの事故を聞いて、子供たちへのリスクを考えてのことだろう」

アリスは首を振りました。「でも私たちは、それを改善するために小中学校の屋外授業で清掃作業をして状況を変えようとしているのに！」

校長先生はうなずきました。「きっとこの清掃プロジェクトのことを知らなかったんだね。それにしてもずいぶん急だな」

アリスは首を振りました。「作業を止めてもらわないと！」

「頼んでみたのかい？」

「はい、もちろん、市長と話すように言われました、でもそれには何ヶ月もかかるって！」

「そうだね、ふつう市長に審議を上げるにはかなり時間がかかるんだよ。そうだ、来週火曜日の教育委員会で市長と市議会へのプレゼンがあるな」

「手を貸していただけますか？川の清掃は始まったばかりです。最後までやらせてください！」アリスは涙目で懇願しました。

「できることを考えてみるよ、アリス」ジェンキンス校長は立ち上がって机の周りを歩きながら優しく微笑みました。

「プレゼンの最後に少し時間がとれるかもしれない」

「ありがとうございます！魚たちも喜びます」アリスは笑顔で椅子から立ち上がりました。

「今約束はできないけど、時間がとれるかどうか月曜日には知らせるから、その間に準備を進めておいたほうがいいね」

アリスは瞬きをしました。「えっ、何の準備？」

「市議会に問題提議する短いプレゼンの準備だよ。川の歴史や魚の産卵場所としての役割、清掃作業を続けなければいけない理由、何もやらなかった場合のリスクとか、先週の集会で使った内容を 10 分以内にまとめておいてくれるかい」

「ああ、えっと、市長さんに直接お願いできるんじゃないんですか？」アリスは言いました。

校長先生は椅子から立ち上がりアリスを部屋の扉に招きました。「それは難しいね、市議会全体で話し合わないとだから」

「市議会って何人いるんですか？」

「市長以外に議員は１２人だよ」

「そんなにたくさん？」アリスは唾をのみこみました。

「きっと記者や市民もいるね」

「本当に？何人ぐらい？」アリスは焦りました。

「せいぜい 5、60 人ぐらいかな」

「6、70 人の大人を前で話をするんですか！」

校長先生はアリスの肩に手を置いて言いました。「いやなら無理にとは言わないよ。市議会での発言に神経質な大人はたくさんいるからね」

「いいえ、やります。魚のためにも。ベッキーと一緒に」アリスはきっぱりと言いました。

15. ハラハラドキドキ

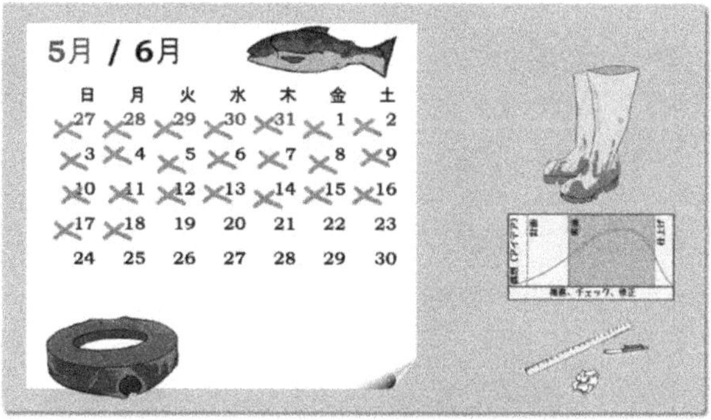

市議会がおこなわれる議場の前でアリスと待っているとき、ベッキーは震えるひざを手で押さえつけていました。ママたちは廊下の反対側でスマホを見ています。

アリスはベッキーの様子を見てささやきました。「緊張してる？」

「ちょっとね」ベッキーはうなずきました。

「きっとうまくいくわ、心配しないで、すぐ後ろにいるから」

ベッキーは、歯が震えないように唇を閉じました。そして小さくて暖かい手が腕に触れたとき、左ひざがまた震え始めました。ベッキーはアリスのほうを振り返り、それから下を見て言いました。「あなた、ここで何しているの？」

サミーがさわやかな白いシャツにネクタイをつけ、茶色のスーツを着て、もじゃもじゃ髪をとかして横に分けていました。「みんなで助けにきたんだよ」

「みんな？」

サミーは何人かの先生に連れられて正装して廊下を歩いてくる生徒たちを指差しました。

「僕の学年の子たちだよ。君たちが川の清掃を続けるために市長にフェンス工事の中止をお願いするって先生に言ったら『民主主義の実践』を学ぶ機会だって言うことになって、課外授業で来たんだ。応援するよ」

「うれしいわ、ありがとう、サミー」ベッキーは微笑みました。

「どういたしまして！」サミーは笑って、他の生徒たちのほうに走っていきました。

その時、議場の扉が開き、現れた秘書官が生徒の数に驚いて目をパチクリしました。「お二人がアリス・ウォンさんとレベッカ・ペトロフさんですか？」彼は先生のほうを見て言いました。

アリスとベッキーは立ち上がって手を挙げました。「私たちです」

秘書官は両眉を上げました。「なるほど、こちらにどうぞ。残りの子たちは他の傍聴者もいるので席か床に座ってください。お静かにね」

先生方はうなずき、ヒソヒソとおしゃべりをする子供たちを客席に引率しました。秘書官は扉をおさえて子供たちと二人のママを通してから、ベッキーとアリスを紹介しました。「レベッカ・ペトロフさんとアリス・ウォンさんです。絶滅の危機に瀕した溯河性（そかせい）魚類の生息地についてご発言いただきます」

ベッキーとアリスが部屋に入ると秘書官が扉を閉めました。

ベッキーは、議場に入ると、まぶしい明かりにまばたきをしました。立ち止まって見まわすととても広く、右側には 12 名の議員と市長が背の高い椅子に座っていました。左側には傍聴席があり、部屋の中央で低い木製の仕切りとスイングドアで隔てられていました。しかし、ベッキーの目に留まったのは、部屋の中央に鎮座する大きな演台でした。サミーは、ベッキーの手を引っ張ってそこに向かわせました。ベッキーは演台に上がると真ちゅうの手すりをしっかりと握りました。目の前には市長を真ん中に左右 6 人ずつ 12 人の議員が座っています。目の前の資料をめくって目を通す人、隣の人とおしゃべりをしている人もいます。それから一人ずつ、ベッキーとアリスに目を向け、最後に市長が顔をあげました。

「次は何かしら？」市長は尋ねました。

「次の議題は、シモンズパークに遡上（そじょう）する絶滅危惧種の遡河魚（そかぎょ）の生息地についてレベッカ・ペトロフ女史が話されます」秘書官は手元の資料を見て答えました。

「わかったわ。で、あなたは何歳？」市長は、ベッキーに微笑みました。

「ええと、12 才です」

市長はアリスに目をやりました。

「私は１１です」アリスは小さい声で言いました。

「市長...」秘書官がささやきました。

「何？」

「市長と呼んでください」

「あっ、ええと、12 才です、市長」ベッキーは赤面しました。

「今日、お母さんは？」

「はい、います。市長」ベッキーはうなずきました。

「毎回、”市長”はいりませんよ」

「はい、市長」

聴衆からクスクス笑いが起きました。

市長は、ため息をつき「今日は誰が話してくれるの？あまり時間がないのよ」

「私です」

「お母さんじゃなくて？」

「はい」

「わかりました、では、始めましょう」市長はうなずきました。

「ぼくも！」サミーは、ベッキーの横で演台の下から叫びました。

「ほかに誰がいるの？」市長は席から立ち上がって尋ねました。

サミーは演台の脇に出て、市長に手を振りました。

「こんにちは！サミーです。えっと、サミュエル・スミスです。市長、もうすぐ 10 才です」

「あなたは、この議題で指名されていませんよ」市長は眉をひそめました。

「市長、えっと、彼は現場の証人です、川に落ちたので」

市長は細い 2 本の指で鼻のあたまをこすりました。「ペトロフさん、ここは法廷ではないので時間があまりありません。誰かスミスさんに椅子を持ってきてあげて、それに立てば、続けられるでしょう」

秘書官は急いで木製の椅子を持ち込み、サミーがのっかるのに手を貸しました。

「準備はいいですか、ペトロフさん。残り 4 分です」

市長は、事務的に言いました。

ベッキーはまばたきをして、書類の束をひっかきまわしました。これ全部を 4 分でカバーできるわけがありません。それは10分用の原稿ですから！

「ペトロフさん、あと3分40秒です」

ベッキーは紙を半分に折って深呼吸をしました。最高の3分半スピーチの開始です。

「市長、議員の皆様、今日は、私たちの近くで起きている環境破壊についてお話しします」

それから２０分間、彼らはベッキーの話に聞き入りました。サミーは、市長と記念写真を撮り、クッキーをもらって帰りました。

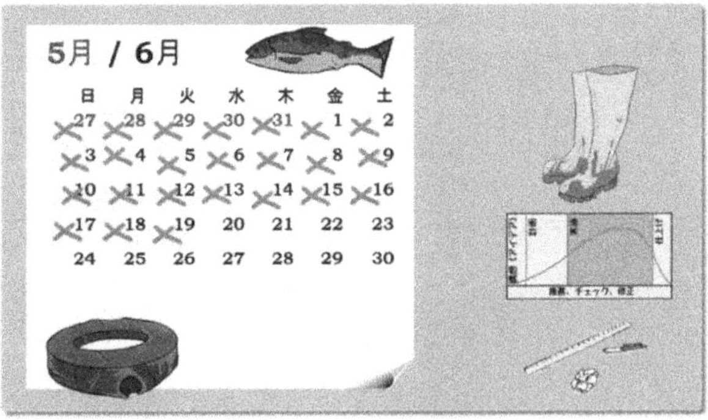

リーン、リーン、リーン

「来たわ！」アリスは、そう叫んで階段を降りて玄関のドアを開けました。

玄関には右手に封筒を持ったベッキーが立っていました。「市長から手紙が来たわ！学校から帰ったらすぐにきたの。大事な問題だからすぐに返事をくれるって言っていたでしょ」

「何て書いてあるの？」アリスは尋ねました。

「わからないわ。まだ開けていないの」

「なんで？」

「サミーを待っているのよ」

「なぜ、サミーを？」

「だって市長への説明を助けてくれたでしょ、だから、彼も一緒に手紙を読むべきだと思って」

アリスはうなずきました。「彼も来るの？」

「うん、すぐ来るはずよ。来る前に電話したから」

ベッキーとアリスは、玄関前の階段に座ってサミーが来るのを待ちました。そしてサミーの姿が見えると二人ともすぐに立ち上がりました。

「ねえ、早く！」アリスは、せっかちに手招きしました。

サミーは階段を駆け上がり、封筒に手を伸ばしました。「何って書いてあったの？」

ベッキーは、封筒を持った手を挙げて言いました。「アリスに読んでもらいましょ。そもそも川を救うというアイデアはアリスが言い出したことだし」

サミーは、アリスとベッキーを交互に見ながら言いました。「でも、市長の前で話をしたのはベッキーだし、手紙もベッキー宛になっているよ」

ベッキーは、サミーの髪を撫で上げ、アリスに封筒を渡しました。「アリス、たぶん難しい言葉で書いてあると思うから、何が書いてあるか私たちにわかるように教えて」

アリスは、封筒の背面にある封印シールを注意深く開けました。中には滑らかなクリーム色の紙がきれいに折りたたまれて入っていました。開くと上のほうに別のシールが貼ってあり、タイプされています。アリスは、ベッキーをちらりと見てから、真剣な顔で黙読しました。

「何だって？」ベッキーは尋ねました。

「えっと、まず、水曜日のスピーチがとても素晴らしくて、将来すごい演説家になれるでしょうって」

「演説家って？」サミーが眉を上げて尋ねました。

「大勢の人の前で上手に話ができる人のことよ」ア

リスは答えました。

「もうできているじゃない」サミーは笑いました。

「それから？工事を中止してくれるって？」ベッキーは、先を促しました。

「うん」アリスは、なぜか眉をひそめました。

「他になにか書いてあるの？」ベッキーは気になって尋ねました。

「シモンズパークの川の周りの生態系回復の取り組みを始めるって」

「どういう意味？」サミーは瞬きをしました。

ベッキーは、アリスから手紙を奪いとって言いました。「大人たちがプロジェクトを乗っ取ろうとしているのよ」

「でも、これは君たちのプロジェクトでしょ！」サミーは首を横に振りました。

「でもフェンスの工事は中止してくれたわ」アリスはため息をつきました。

「そう、プロジェクトはまだこれからよ」ベッキーはアリスの肩に手をかけて言いました。

16. とおせんぼ

ベッキーは鼻についた汗を手袋で拭いました。

「あなた本当に夢中ね」スーザンは微笑みました。

ベッキーはうなずいて自転車のハンドルをつかみました。自転車の後ろ半分は土に埋もれ、雑草が絡みついていました。二人は 15 分前からその自転車を掘りだそうとしていました。

「まったくどれだけゴミが捨てられているのよ。スーザン、あなたは後ろを掴んで、私はハンドルを持つから一緒に持ち上げましょう」

スーザンはうなずき、自転車のフレームをしっかり握りました。「いいわよ」

ベッキーは深く息を吸って言いました。「さあ、いちにのさんで行くわよ、いーちにーのさん！」

自転車は、ズサッーと音を立てて掘り出され、草むらに落ちました。ベッキーは勢いあまって谷に転げ落ちるところでしたが、しっかりハンドルを握っていたので自転車の横に尻もちをつきました。

「それ運ぼうか？」エドワードが新品のゴム長靴を泥まみれにして川から上ってきて言いました。

「ええ、お願い」ベッキーはうなずき、エドワードがハンドルを握るとハンドルから手を離しました。「ありがとう、エドワード」

「はい喜んで、スミスの廃品回収サービスにお任せください」エドワードは重そうにうなり声をあげながら自転車を引きずって坂道を上がっていきました。

スーザンは笑いながら言いました。「エドワードって最初はちょっと堅苦しい子かと思ったけど結構ひょうきんなのね」

「からかっているの？」エドワードの顔が曇りました。

「いいえ、そういうところ好きよ、エドワード」

「そうかい、友達になれて嬉しいよ」エドワードは恥ずかしそうに微笑みました。

ベッキーはエドワードに手を振って言いました。「その自転車を学校まで持って行ったら、すぐ戻ってきてね、まだ自転車が埋まっているから手伝ってもらいたいのよ、あそこにタイヤもいくつかあるし」

エドワードはうなずくと、急な坂道で自転車を引きずりながら、ズボンの足についた泥や草をはらいました。「すぐに戻ってくるよ」

スーザンは芝生の上に腰を下ろし、自転車が出てきた穴を見つめていました。「ここはガラクタだらけね。なんでゴミを捨てたりするのかしら？」

ベッキーは肩をすくめました。「わからないけど、もしかしたら無意識でやってしまったとか？」

「でも川に捨てるつもりで森を通ってずっと運んで来たんだから確信犯じゃない？」スーザンは顔をしかめました。

アマンダは木のツルを持って斜面を上がってきました。「そうね。でもそれが悪いことだという意識がなかったのかも」

ベッキーは土の塊の上にしゃがんで座りなおしました。「川を破壊して魚の居場所をなくしてしまったのにね」

「でもこの活動でまた元通りになるわ」スーザンは、

上流のほうで古い三輪車を引っ張り出す子供たちを見ながら言いました。まだたくさんのガラクタが残っていましたが、区域ごとに少しずつ片付けていきました。中学生は自転車や古いタイヤなどの大きなものを、小学生はゴミや小さなものを取り出しました。

「みんなでやれば楽だってママが言ってたけど、その通りね。小中学校が協力したからここまでできたんだわ」ベッキーはうなずきました。

「市もフェンス工事を中断してくれたしね」アマンダは言いました。

「とりあえずね。ここがきれいになったらフェンスは設置されるわ」ベッキーは言いました。

「でもなぜ？」スーザンは尋ねました。

「子供たちの安全を守るためと、ゴミを捨てる人から川を守るためね」ベッキーは右手の指を折りながら言いました。

スーザンは肩をすくめて、泥だらけの川底を見つめました。「まだ川に埋まっている車があるわ、あいつを引っ張り出すのに何人の子供が必要だと思う？」

アマンダは首を振りました。「自転車とは違うのよ、重いし水と泥の中に埋まっているから 100 人の子供でも無理じゃない」

ベッキーは眉を上げて言いました。「100 人の子供の力を見くびらないでよ、アマンダ」

アマンダは肩をすくめました。「それを試すのは危険ね、大勢の子が怪我をするかもしれないわ」

「リスクね、とりあえずあのままにして何か策を考えましょう」スーザンはうなずきました。

「そうね」アマンダはため息をつきました。

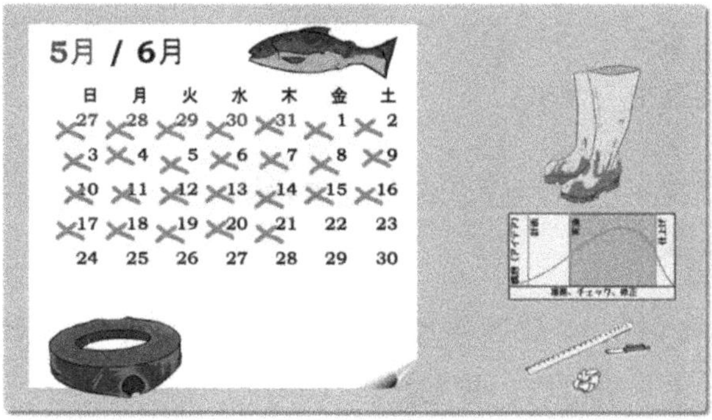

ベッキーはスーザンに続いてゴミでいっぱいになった袋を持って森の外に出ました。

「あれ何？」スーザンは、公園の端に駐車している車を指さして尋ねました。

「市長の手紙ではフェンス工事は中断したはずよ」

見ると公園の端に 2 台の市営トラックと、小さなトレーラーをつけた大型トラックがとまっていました。

「いつもと違う人じゃない？フェンスのロールも持っていないし」

「行って見よう」スーザンはバケツを草むらに置いて立ち上がりました。

「こんにちは、何しているの？」ベッキーは、蛍光ベストを着た作業員に尋ねました。

「こんにちは、お嬢さん、ジョンが言っていた好奇心旺盛な子っていうのは、君たちのことだな」男は微笑みました。

「そうよ、今日はフェンスを完成させるの？」スーザンは尋ねました。

「いいや、それは建設課の仕事、僕らはアーボリストだよ」男は言いました。

「アーボリストって何？」

「樹護士って言って木の専門家だよ、こっちは建設課の職員だけどね」

4台目の車には、小さなパワーショベルのついたトレーラーがついていました。

「木をどうするの？」スーザンは、いやな予感がしました。

「もちろん、切り落とすのさ」彼はトラックからチェーンソーを持ち上げると低い声で言いました。

「それはだめよ」ベッキーを嘆きました。

「なんで？ここにちゃんと作業依頼書もあるよ」男は眉を上げ、折り畳んだ紙をポケットからとり出しました。

「そんなの意味ないわ。フェンスの作業は中止になったし、木を切り倒す必要なんかないでしょ」スーザンは首を振りました。

「悪いね、お嬢さん、仕事なんで」彼はチェーンソーを持って歩き去ろうとしました。

スーザンは、ベッキーを見て言いました。「彼らを止めないと...」

「ツリーハウスが！」ベッキーは答えました。

「私の目の黒いうちは絶対そんなことさせないわ。ベッキー、あなたはどうにかして彼らを木から遠ざけておいて。私は近所の子たちを全員連れてくるわ」スーザンは言いました。

「子供たちを集めてどうするの？」

「私たちの得意技、邪魔するのよ！」スーザンはにやりと笑いました。

「お願いだから、邪魔をしないで、ここは、危険だから」チェーンソーのおじさんはため息をつきました。65 人もの子が手をつないで、森の中にバリケードを作ったのです。

「僕たちの森を切るな！」

「木を守れ！」

「魚を救え！」

「ちょっと待って、私は...」

「木を切るな！」

「ツリーハウスがあるんだ」

「それは内緒よ。本当にあの木を切っちゃうかも」

その人はチェーンソーを地面に置き、他の子供たちと手をつないでいるスーザンとベッキーのところにきました。他のプロジェクトチームのメンバーは、列に混ざって年下の子の面倒を見ました。

「ぼくらは自分の仕事をしようとしているだけだよ、君たちのおかげでそれができない」彼は手袋の甲で額を拭きました。

「それをしてほしくないの、何も伐採してほしくないのよ」ベッキーは言いました。

「市民があちこちでそういう思いつきの活動をしても意味がないんだよ。でも、それは君たちの勝手だからね。上司に電話するよ」彼はため息をついて、電話を取り出しました。

「どうするのかな？」ベッキーは公園の端に集まった作業者たちを指さしました。

「見に行ってくる。すぐ戻るわ」スーザンは言いました。

ベッキーは、誰も通さないように手をつないでバリケードの輪に加わりました。スーザンは 1 分後に頭を振りながら戻ってきました。

「何をしてた？」

スーザンは、バリケードの輪に加わりながら眉をひそめました。「公園の片側にある低い木の柵を掘りだしてたわ、あんなの低くて役に立たないのに、なぜかしら？」

作業員は、ベッキーのところに来て言いました。「上司がおかんむりだ」

「そう」ベッキーは肩をすくめました。

「君たちも一息いれたら？彼女が来るまで僕らは早めの昼飯とするよ」作業員は言いました。

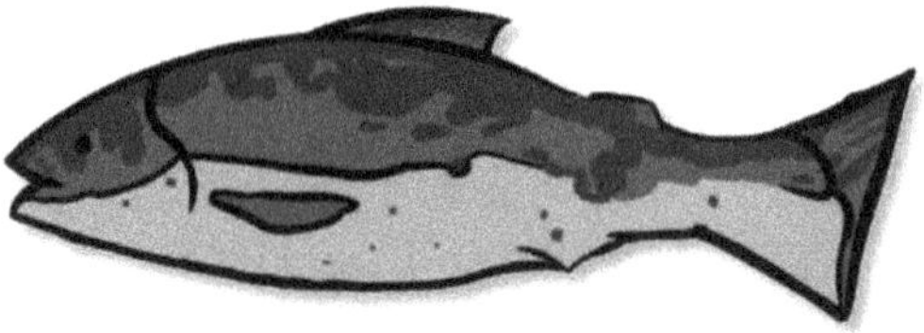

ベッキーと子供たちは、その後 30 分間手をつないで立っていましたが、疲れてきたので柔らかい枯葉の上に座りました。しばらくは手をつないでいましたが、戻ってくる気配がないので、手を離しました。子供たちは、すぐ手をつなげられる準備をして乾いた枯葉に横になりました。ベッキーは公園のほうを気にしながら、横になって木漏れ日を見つめていました。しばらくして、木を踏みしめる音が近づいてくるのを聞いて、すぐに飛び起きました。

「やっぱり、あなたね。でもなぜなの？」市長はため息をつきました。

ベッキーは混乱して頭を振りました。「なんのことですか？」

「誰よりも喜んでくれると思ったのに。どうやら私が間違っていたようね。いったいあなたはどうしたいの？」市長は眉をひそめました。

「何で喜ぶの？木を切って、意味がわからないわ？」ベッキーは立ち上がりました。

「他に重機を入れる方法がある？」市長は首を振りました。

「重機って？どこに入れるの？」ベッキーは眉をひそめました。

市長は振り返って指を差しました。「あそこに置いてあるやつよ。重機を入れなきゃ川に埋まった車を撤去できないでしょ」

ベッキーは、事情を理解して表情が緩みました。

「えっ、助けてくれるの？」

「ええ、手紙にそう書いたつもりだけど。この様子を見ると何か誤解があったみたいね。このバリケードは強力だけど、もう必要ないわよ」市長はうなずきました。

「でもなぜ、私たちの森の木を倒さなきゃいけないの？」

「全部じゃないわ、川まで道が通せればいいの。川の反対側には、私有地のフェンスや他の障害物があって重機を運び込む道を通せないから、この公園から川まで道を通すしかないのよ」市長は身振りをしながら説明しました。

「ああ、知らなかったわ」ベッキーは言いました。

「大丈夫よ。でも、みんな作業の邪魔にならないように安全なところに行ってくれる？そうしたら、川までの道を作って撤去作業を始められるわ」市長は微笑みました。

「もちろん！みんなに言ってきます」ベッキーは言いました。

「ありがとう、ペトロフさん」市長はうなずきました。

「フェンスはどうなるの？」ベッキーは、立ち止まって尋ねました。

「一部を取り除いて、清掃が終わったらまた設置します。川がきれいになっても、川に落ちる危険があるからね」

「あと、ゴミを捨てさせないためにもね」

「そうね」市長はうなずきました。

「フェンスで囲うだけじゃなくて、なにか他にもできないかしら？」ベッキーは言いました。

「他にって？」市長は目を細めました。

ベッキーは、つま先立ちになって、市長の耳元でささやきました。

「検討してみるわ」市長はうなずきました。

17. 重量挙げ

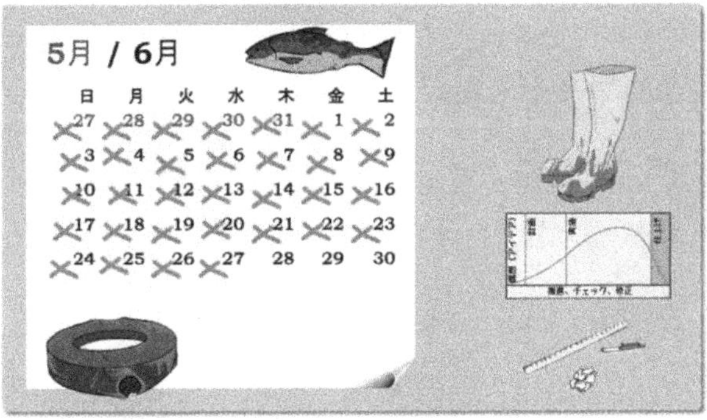

「あっという間だったね」ベンは工事途中のフェンスの支柱につかまって言いました。

「学校のこと、それとも川の掃除のこと？」ベッキーは尋ねました。

「両方だよ、来年はぼくらも中学生だから、もう子供は卒業だね」

「大丈夫、中学にもすぐに慣れるわ」スーザンは微笑みました。

「そんなもんかね？」ベンは顔をしかめました。

「またみんな同じ学校になれるんだから、来年はどんなプロジェクトができるか考えてみてよ」アマンダは川を見下ろしながら言いました。

「もう作業の準備はできたのかな？」ベンは、金属製の支柱を握って身を乗り出して見ました。

「市の作業員の人たちは仕事が早かったわね、数日で大きなゴミをぜんぶ片付けてくれたわ」

「ぼくらが事前にほとんど片付けていたからね、小中学校が協力して」ジェームズは言いました。

「市も協力してくれたしね、上流や下流は、ここほどひどくなかったみたい」アリスは肩をすくめました。

「車の引き上げ」とトム「楽しみだね」とティム

「もうすぐよ」アマンダは言いました。「レッカー車を入れるのに木を何本か切り倒さなきゃいけなかったけど、ツリーハウスは迂回してくれたから良かったわ。直線経路は最短かもしれないけど最良とは限らないからね」

その時、サミーが言いました。「来たよ！」

エンジン音が彼らの会話をかき消して、木の間を不気味な影が近寄ってきました。レッカー車が姿を現し、川の上に止まりました。二人の男の人が降りてきて、牽引用のケーブルをはずしたり、固定用の紐を地面に並べ始めました。三人目は音を立ててほどけてゆく巻き上げ機のケーブルの先についた大きなフックを持って渓谷の脇に歩いていきました。

レッカー車の運転手がごつい革手袋をしながらやってきて言いました。「見ていてもいいけど、十分離れていてね。とても危険な作業だし、ケーブルが切れたら君たち真っ二つになるからね」

「はい、わかりました」ティムとトムは一歩下がりました。

運転手はうなずきました。「私にも子供がいるけど、君たちを怪我のリスクにさらしたくないからね」

「私たちはここにいるわ」ベッキーは言いました。

「いい子だ」運転手は微笑んでレッカー車に戻りました。

川に降りて行った人は、水没した車の前輪の車軸にケーブルを巻き付けていたので、服がびしょ濡れでした。前日にショベルカーで車の周りを一掃してくれていたので作業はスムーズに進みました。

「いいか？」レッカー車の運転手は、手袋をして丸いノブのついたレバーの前に立って言いました。川の中の作業者は、バシャバシャと川の中を歩いて車から十分に離れると「いいぞ！」と叫びました。

運転手は、もう一度ベンたちのほうをみて言いました。「ちゃんと下がっていろよ！」

巻き上げ機の音とレッカー車のエンジンが唸るような音を立てて、ケーブルはきつく締められました。そして、ゆっくりゆっくりと、レッカー車が小川の端に近づいていきました。

「おかしいな」ジェームズは顔をしかめました。

エンジン音は低くなり、巻き上げ機のうなり声が途切れました。レッカー車の運転手は首を振ってから、集まった子供たちの方へ歩いてきました。「悪いけど、動かないみたいだ」

アリスは首を振りました。「でも、魚たちのために車を移動してもらわないと困るのよ」

運転手は肩をすくめました。「悪いけどパワーが足りないんだよ。レッカー車が川に落ちてしまったら元も子もないだろう？」

ベッキーは木々を見つめて言いました。「たとえば...」

運転手はベッキーを見ました。「たとえば？」

ベッキーは彼の目を見上げて言いました。「他のものにつかまったらどう？たとえば、木とか」

運転手は眉をひそめました。「可能性はあるけど、この木じゃあ小さすぎるな」

「それじゃないよ、ツリーハウスの木だよ！」ベンが言いました。

「でも引き倒さないように注意してね！」アマンダは言いました。

「見てみよう」運転手は額の汗を拭いて言いました。

「これならいけるんじゃないかな？」彼は太い幹を見つめてうなずきました。「ケーブルとの間に何かをはさんで樹皮を傷つけないようにしよう」

「間違って引き倒したりしないよね」ジェームズは再度確認しました。

「こんな大きな木を引き倒すことなんてできないよ。フロントの巻き上げ機のケーブルをこの木に固定するよ。1時間もあれば車を川から引き上げられると思うよ」運転手は微笑みました。

「わぁ、ありがとう！」子供たちは笑顔になりました。

45 分後、ケーブルが樹皮を傷つけないようにしっかりと保護された状態で、レッカー車のエンジン音が森の中に響き渡りました。フロントの巻き上げ機が木に支えられて、バックの巻き上げ機が車を川からゆっくりと引き上げ始めました。車が峡谷の上まで引き上げられると、今度はフロントの巻き上げ機がレッカー車と車の両方を前方に引っ張りました。9 人の子供たちはツリーハウスの木が倒れないか不安そうに遠くから見ていました。木はびくともせず、5 分後には、車はレッカー車の傾斜のついた荷台に引き上げられ、ドアから水がしみ出ていました。傾いた荷台の上部で車をしっかり固定してから、荷台を平らに戻して、運転手は頑丈な紐でさらに車を固定しました。

「100 人の子供が集まってもこれはできなかったわね」スーザンは言いました。

「ついにやったわ」アマンダも言いました。

車があったところには、大きな穴が開いて、川は泥で濁っていました。「ひどい状態ね」アリスはそれを見下ろして言いました。

ショベルカーやレッカー車が行き来したので、魚の家というよりは建設現場のようでした。

「植物を植えてしばらくすれば大丈夫なはずよ」ベッキーは言いました。

「市が川に植える植物をたくさん寄付してくれたってモルディバ先生が言っていたわ。明日の朝には届くから、あとはそれを植えるのを手伝ってくれる人を集めるだけね」

「終業式には最高のイベントね」アリスは微笑みました。

「しかもモルディバ先生が、終業式とプロジェクトの成功を祝ってピザをみんなの分用意してくれるって！」ベッキーはにっこりしました。

「小学校でもよ！」

「ピザだ！」ベンも笑いました。

「その前に川の植栽をやっつけなきゃね」アマンダは言いました。

「了解！」ベンはうなずきました。

革の手袋を持ったレッカー車の運転手が近づくと子供たちは振り返りました。

「よくやったね、君たちのおかげだよ」彼は額を拭きました。

「やっと川が片付いたね、あの車はぼくが子供のころからあそこにあったんだよ」

「引き上げた車はどうなるの？」ジェームズは尋ねました。

「解体するしかないかな」運転手は肩をすくめました。

「残念だわ」ベッキーは言いました。

「そんなに長いことあそこにあったのなら、それで何かできるんじゃない？」

「そうだね」運転手はまた肩をすくめました。

「引き上げてくれてありがとう」スーザンは言いました。

「どういたしまして。川の周りには気をつけてね。車を引きあげたところは滑りやすいし、かなり大きな穴が残っているから。落ちないように」

「すみません」サミーは手を挙げました。

「なんだい坊や」レッカー車の運転手はしゃがんでサミーに微笑みました。

サミーは車をちらっと見て言いました。「ええと、靴をとってほしいんだけど？」

「両方履いているじゃない」運転手はサミーの足元を見て言いました。

サミーは首を振りました。「いや、前に川でなくしたやつ」

運転手は腰を上げて額の汗をぬぐいました。「悪いけどそれは難しいな」

「いや、そこにあるはずなんです」サミーは車を指さしました。

運転手は不思議そうな顔をしました。「どうやってその車に入ったんだい？」

ベッキーは微笑みました。「彼の足が窓に引っかかったんです。それがすべてのきっかけだったの」

運転手は驚いた顔で言いました。「なるほど！見てみよう。どの窓だい？」

「少し開いている窓よ」

「これだ！」運転手はつぶやきました。「見てみよう、もう安全だから」

残りの子たちも運転手について車のほうに行こうとすると、運転手は腕を伸ばして言いました。「泥んこになりたくなかったら、君たちはここで待っていて」

ジェームズは、意味が分からず顔をしかめました。

「すぐに見つかるかどうかはわからないよ。ドアが開かなければ車庫に戻ってからになるから。でも、心配しないで、靴はきっとみつかるよ」

「ありがとう」サミーは微笑みました。

彼らは、運転手がドアのレバーを握って、引っ張るのを、息をのんで見つめていました。でも、レバーは動きません。2回目でなんとかボタンを押し込み、勢いよく引っ張ると、ドアが開き、彼は車の後ろに転げ落ちそうになりました。

「わぁ！」開いたドアから大量の水と一緒にヘドロや小魚、そしてサミーの靴が流れ出て、子供たちは思わず飛びのきました。

サミーは広がる水たまりの前に飛び出て靴を取り上げて、運転手ににっこり笑ってお礼を言いました。「ありがとう！」

運転手は笑いました。「はは、仲間にこの話をしても信じてもらえないかもな。はい、どうぞ」

「だからちゃんとあるって言ったでしょ」ベッキーはジェームズを肘でこづきました。

ジェームズはあきれて苦笑いをしました。

運転手は、レッカー車から飛び降り、手でズボンをはたきました。「みんな、ありがとう」

「車を引き揚げてくれてありがとう！」子供たちは声をそろえて言いました。

「ぼくの靴もね」サミーは手を振りました。

運転手はレッカー車に飛び乗ってドアを閉めました。車を引いたレッカー車が視界から消えるあたりで彼は運転席から手を振りました。それはあたかも川から釣り上げた大きな魚を釣り針につけたまま運んでいくようでした。

アマンダは両手をはたきながら言いました。「やっと終わったわね、みんな今日はゆっくり休んでね、明日の午前中は植栽作業よ！」

18. 結末

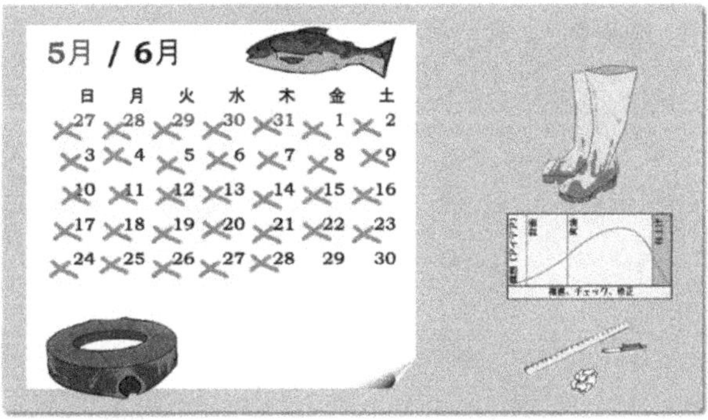

学校最後の朝、川は活気に満ちていました。長靴を履いて手袋をした数百人の子供たちが、小さなスコップで川の周りに植物の苗を植えていました。先生たちは植物が均等に植えられているか確認して回りました。苗の入っていた空のプランターを小学校の

正門の前に積み上げていくとあっという間にお昼になりました。

ジェンキンス校長は、プランターを置きに来たアリスに言いました。「アリス、ありがとう」

「こちらこそ授業の中での清掃を許可していただいて、ありがとうございました」アリスは顔を上げて言いました。

「外はいいね、生徒たちもこの一ヶ月でいろんなことを学んだと思うよ。学期末はいつも、先生も生徒も夏休み前でだらけがちだったけど、今年はみんな学校に来て作業するのがとても楽しみだったようだね」校長先生は微笑みました。

「作業は楽しかったです」

「勉強は楽しいものだよ、教室や黒板だけじゃない」校長先生はウインクしました。

「自然から学び、環境にも貢献できました」アリスは笑いました。

ジェンキンス校長はうなずきました。「今学期とプロジェクトの締めくくりのピザがもうすぐ届くけど、もう一つ決めなきゃいけないことがある」

「何ですか？」

校長先生は公園に出入りする生徒たちを指差して言いました。「どこでピザを食べようか？」

「公園で！ゴミは持ち帰ります」アリスは微笑みました。

「もちろんだね」

アリスは数秒間、森を見つめて言いました。「ピザの前にやりたいことがあるんですが...」

「手洗いかな？」ジェンキンス校長は笑いました。

「いえ、プロジェクトの最後にやる教訓セッションです。次回のカイゼンのために」

「６００人以上の生徒と数十人の先生に質問したらせっかくのピザが冷めちゃうんじゃないかい？」

「じゃあ、ピザを食べながら、良かったことや悪かったことを一つだけ聞いて、誰かがメモしたらどうかしら？」

「それはいいね」校長先生はうなずきました。

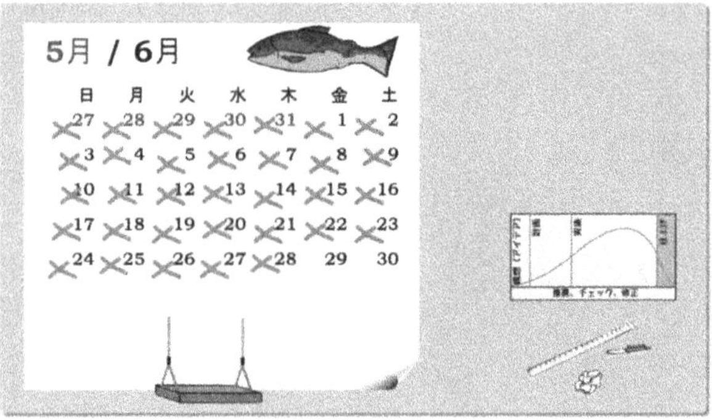

土曜日の午後、プロジェクトチームだけのピザパーティーを開きました。親たちは 2 日連続のピザに顔をしかめましたが、夏休みということで大目に見てくれました。ベンは「ピザに食べ過ぎはない！」と主張しました。そして、ピザとドリンク、紙とペンを持って、ツリーハウスの下に午後 2 時にみんな集まりました。ティムとトム、ジェームズ、ベン、アリス、ベッキー、スーザン、アマンダ、エドワード、サミー、シャーロットが参加しました。彼らはピザパーティー用の荷物を袋に入れて、一人ずつなわばしごを登っていきました。最後にベン、サミー、エドワード、スーザンの 4 人が残りました。

「お先にどうぞ」エドワードが言うとスーザンが先に登りました。エドワードは、下でなわばしごを支えてあげました。

「ありがとう、エドワード、あなたも上がる？」スーザンは言いました。

エドワードは瞬きをしてから、スーザンを見上げました。「えっと...」

ベンは肘でエドワードをつつきました。「さあ、エディ、上でピザを食べながら教訓セッションをするんだ。お腹空いたろう？」

エドワードは風に揺れるはしごを見てつばを飲み込みました。「支えていてくれる？」

「もちろん」ベンはニヤリと笑いました。

エドワードは深呼吸をして、ゆっくりと一段一段、はしごを登っていきました。スーザンは右手を伸ばして、エドワードが 2 階の足場に上がるのを手伝いました。

「ありがとう」

スーザンは彼の背中を叩きました。「そんなに怖くないでしょ、本当に」

エドワードは端に近づいて、下にいるベンのニヤニヤ顔を見下ろしました。

「ほら、君ならできると思ったよ！」

エドワードはロープの手すりにつかまり、足場の端にそってカニさん歩きをしました。

「気をつけてね、エドワード」スーザンはそれを見て苦笑いをしました。

エドワードは、スーザンを振り返って小さく微笑みました。「パパの言う通りだ。なんでも怖がってばかりいてはだめだね。リスクはいつでも起こるとは限らない。注意してさえいれば」

スーザンは一歩下がって、ベンが足場に登り、サミーがそれに続きました。

「さあこれで全員ね、さらに上に行ってみる？エドワード」

エドワードは地面を見下ろしてから、上の枝を見上げました。「てっぺんまで行ってみたい」

「本当に？」スーザンは瞬きをしました。

「うん」エドワードはうなずきました。

「頂上まで競争だ！」サミーが叫ぶと、スーザンは彼の腕をつかみました。「また禁止されたいの？」

サミーは首を振りました。「わかった、でもベッキーのところまで上がってもいいでしょ、注意するから」

「僕が先に行くよ」エドワードはそう言ってなわばしごの横木に足をかけました。

「ベンは何を学んだ？」アリスはクリップボードとペンを持って尋ねました。

「ううっ、ピザにも食べ過ぎがあるってこと」ベンは右手で腹を押さえながらうめき声を上げました。

「そんなんじゃなくて、プロジェクトの教訓よ」アリスは首を振りました。

ベンは一息ついてから言いました。「もちろん、リスクについていろいろ学んだよ。リスクを恐れる必要はない。悪いリスクを見つけたら、できるだけ予防策をうち、起きた時に備える」

アリスはうなずき、ジェームズの方を向きました。「ジェームズはどう？」

ジェームズは食べていたピザを呑み込んでから言いました。「ええと、生徒全員が手伝ってくれて、すごいチームワークだった」

「小中学校が協力したおかげで作業が進んだわね」

スーザンも言いました。

「結局今回、私はあまり出る幕がなかったわね」アマンダは炭酸ジュースを飲みながらいいました。

「そんなことないわよ。この 1 年いろんなことがあったでしょ。すごく長い 1 年だったけど、他のプロジェクトがあったから今回もうまくいったのよ」

「お化け屋敷」アマンダは言いました。

「実際には 2 つね、僕はオリバーと一緒に作ったから」ベンは言いました。

「そうね」アマンダは微笑みました。

「お化け屋敷、科学フェア...それとキャンプも」ジェームズは言いました。

「バレンタインのダンス、中学校のプロジェクトなのにティムがうまくマネジメントしたわ」ベッキーは、言いました。

「私のために新しい肝臓を手に入れてくれて、イースターには入院中の子供たちを元気づけてくれたわ」シャーロットは、言いました。

「うまくいって本当に良かったよ」ティムは言いました。

「妹思いのピートのこともね」シャーロットは言い

ました。

「まあ、あれは本当のプロジェクトではなかったけどね...」アマンダは、照れ笑いをしました。

「とにかく、いろんなプロジェクトをやった」ベンは言いました。

「継続は力なり」ティムは言いました。

「完璧じゃないけどね」トムは言いました。

「良いチームが協力すれば、どんな難しいことも成し遂げられるということを学んだでしょ」シャーロットは言いました。

「その通りだわ。今回も 2 つのチームが清掃区域を分担して、同じ目標に向かって協力したからうまくいったのね」アマンダは言いました。

「市も車を引き揚げるのを助けてくれたね、僕らだけでは無理だったよ」ジェームズは言いました。

「寄付してくれた植物の植え込みでもみんなが協力してくれた」ベンは言いました。

「最初は教室から外に出るだけで嬉しかった子たちも全員作業に参加してくれたよ」

「ぼくは言うことを聞いて注意するようになった。ごめんね、ベッキー」サミーは、恥ずかしそうに周りを見ながら言いました。

「プロジェクト説明会や清掃計画、ゴミアート展、どれも楽しかったわ」アリスはメモを取りながら言いました。

「川で泥だらけになるとなぜか力が湧いてくるの。すっごく楽しかったわ」シャーロットが言いました。

「次は何をする？」サミーは尋ねました。

みんな互いに目を合わせていると、アマンダは咳をしました。「まずは、夏休みを楽しみましょう。川の植物の様子や魚が戻ってくるかを観察しながら」

「戻ってくるかな？ぼくたち頑張ったからね」ジェームズが言いました。

「わからないけど、戻ってきたら卵を産んで子育てしやすい環境になったって思うんじゃない？来学期が楽しみね」アマンダは肩をすくめました。

「それまで何するか僕知っている」ベンは前かがみになって腕を伸ばしながら言いました。

「何するの？」シャーロットは尋ねました。

「ピザのおかわり！」ベンは最後の一切れをとって笑いました。

19. 季節

ベッキーとアリスは夏の間、1日1回フェンス際を歩きながら、新しい植栽が徐々に成長していく様子を見ていました。7月の終わりには、小川はいつものようになっていました。青々とした草が生い茂り、ゆったりとした澄んだ流れの水辺に沿って、砂利や砂地には柔らかい若い植物が生えていました。車があった大きな穴は深い淵になっていて縁に沿って水草が揺れていました。淵の上には木の枝が伸びて、底は一日中葉っぱの影になっていました。

「魚には最高の場所ね」アリスはつぶやきました。

「そうね、ほんの数ヶ月前の様子がうそのようだわ」ベッキーは首を振りました。「秋が楽しみね」

秋

10月になると、数十匹の魚が川を遡上しました。

「このにおいは何？」土曜日の朝、サミーはフェンスに沿って歩きながら尋ねました。

「うまくいったようね」サミーのママは微笑みました。

「でも、腐った魚の臭いだよ」

「そう、産卵した魚は、その後すぐに死んでしまうのよ」

「ああ、死んだ魚はどうなるの？」

「鳥や他の動物たちのエサになるのよ」

「まだ、魚の数は少ないね」サミーは眉をひそめました。

「でも、たくさん卵を産んだから、春になると幼魚が生まれて、みんなで植えた植物に隠れて成長するはずよ、そしたら下流の川に引っ越しするの」

「そして海に行くの？」

「もっと大きくなったらね」

「そして、数年後に戻ってきて卵を産む？」

「そうなるといいわね」

「早く鳥たちのエサが増えるといいね」

「そうね」ママは、微笑みました。

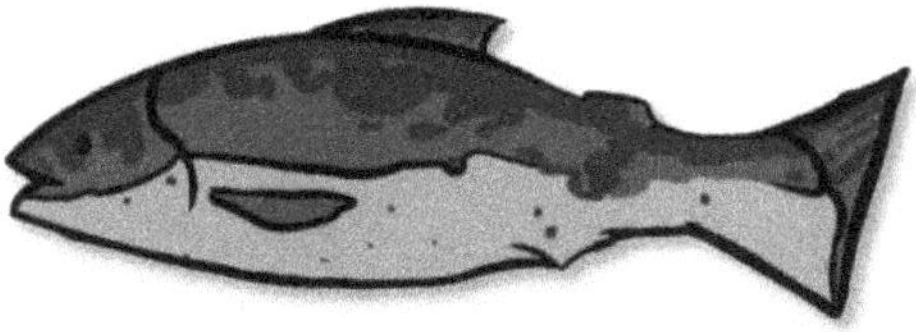

春

「そろそろかしらね？」電話の声は言いました。

「でも、もう市長さんじゃないですよね」ベッキーは言いました。

「そうだけど、まだ市役所に知人がいるから、プロジェクトの仕上げをやってもらうわ」

「いつですか？」

「建設チームが来週作業を始める予定よ」

「ありがとうございます、市長さん」ベッキーは言いました。

「もう市長じゃないわ、ヘザーと呼んで」

「ありがとう、ヘザー」

「どういたしまして、ベッキー、でもこれは全部あなたたちのおかげよ」

20. エピローグ

14年後...

「ママ、魚を見に行こうよ」

「ジョシュア、ちょっと待って」ベッキーは長靴を履きながら言いました。

「早くしないと魚が逃げちゃうよ」ジョシュアは飛び跳ねました。

「どこにも行ったりしないわよ、ちゃんと服は着たの？」ベッキーは微笑みました。

「うん」5歳のジョシュアはファスナーをいじりました。

ベッキーはジョシュアの毛糸の帽子をなおして言い

ました。「よし、準備オーケイね」

「だから早くってば！」

ベッキーは、春の朝のさわやかな空気の中、幼い息子と手をつないで公園に向かって歩きました。二人は森の中に続く小道を進み、途中で二つのベンチを通り過ぎました。小道の突き当りまで来ると、ベッキーはポケットの中をまさぐりました。

「ママ、鍵持ってきた？」

ベッキーの指がキーホルダーに触れました。「ええ、ここにあるわ」

ジョシュアはゲートのチェーンに指をかけて尋ねました。「この看板、何て書いてあるの？」

「市営魚類孵化場（ぎょるいふかじょう）１号よ」

ベッキーは鍵を南京錠に差して回しました。そして、はずした南京錠をゲートの上に引っ掛けました。

「ここはママのなの？」

「いいえ、みんなのものよ。私はここの管理を任されているだけ。この町には他にも同じような施設がいくつかあるけど、ここは最初にできたから特別なのよ」

ジョシュアは長靴で葉っぱをけりました。「袋を持ってきた？」

「もちろん」ベッキーはジャケットのポケットに入っている紙袋を確認しました。二人は、古い木の階段を下りて、川に向かいました。階段の先には、川沿いにずっと木道が続いています。

「滑るから気を付けてね」

「はい、ママ」

ベッキーは、ジョシュアの手を引いて右に曲がり、木道を進みました。木道の先までくると、深い淵を見渡す場所にベンチがありました。

「昔はあの穴に車が落ちていたのよ」ベッキーはポケットから紙袋を取り出しました。

「うそでしょ、ママ、お魚が住んでいるこんなきれいな川に車が落ちていたなんて」

「うそみたいでしょ？でも、本当の話なのよ」ベッキーは、茶色いえさを一握り、ジョシュアの手にのせました。

「証拠はある？」ジョシュアは、えさを川にまきながら言いました。おなかのすいた小さな魚たちが大きな口をパクパクさせてそれを食べました。

「天気がいいときに、一緒にドライブに行くでしょ？」

「うん、ガレージにある古い車でね」

「あの車が、この川に埋まっていたのよ、ちょうどあの一番深いところよ」ベッキーはそう言って指をさしました。

「えっ、どうやって川から出したの？」

「ある人がレッカー車で引きずり出して、その車を直して私にくれたのよ、本当にびっくりしたわ、だからママは、あの車で運転を覚えたのよ」

ジョシュアは、その様子を想像しながら、川の淵を見つめました。

「でも、新しい車があるのに、なんで古い車をとってあるの？」

「あの車は、私たちにとって特別な思い出があるの、川に落ちたパパを私があの車の上にのって助けたのよ」

「あんなに大きいパパを？どうやって？」

「その時はまだ小さかったからね、友達も手伝ってくれたし」ベッキーは笑いました。

「へえ、パパは運が良かったね」ジョシュアは、魚の餌を手に受けながら言いました。

「私たちもね」ベッキーは、残ったエサを川にまくと、袋を丸めました。

「魚たちもだよ」

「そうね」

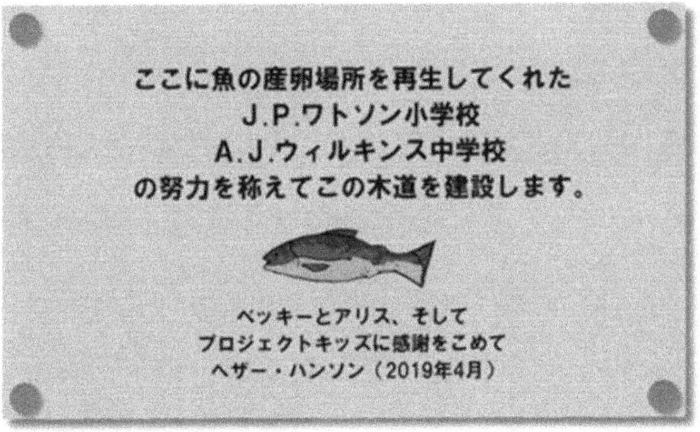
ここに魚の産卵場所を再生してくれた
J.P.ワトソン小学校
A.J.ウィルキンス中学校
の努力を称えてこの木道を建設します。
ベッキーとアリス、そして
プロジェクトキッズに感謝をこめて
ヘザー・ハンソン（2019年4月）

おわり

プロジェクトキッズ

男の子

	ジェームズ カートライト	ベン ジョーンズ	ティム オライリー	トム オライリー
年齢	11 才	11 才	11 才	11 才
身長	145cm	150cm	142cm	142cm
目	茶色	茶色	緑	緑
髪	濃い金色	濃い茶色	赤の巻き毛	赤の巻き毛
好きなもの	マンガ ゲーム モノづくり キャンプファイヤー ベッキー	責任ある立場 チョコレート	お絵かき 計画	ゲーム キャンプ
嫌いなもの	新しい靴 蜘蛛 ダンスに一人で行く 吸血鬼	姉 いじめっ子	いじめっ子 計画なし	木のとげ 言い争い
特技	かけっこ 木登り 水泳 選曲	モノづくり ロボットの操縦	一緒に働く 計画 冷静な判断	モノづくり チームワーク

女の子

	アマンダ ジョーンズ	スーザン カートライト	ベッキー ペトロフ	アリス ウォン
年齢	12 才	12 才	12 才	11 才
身長	152 cm	149cm	147cm	142cm
目	緑	青	茶色	茶色
髪	濃い茶色	金色	茶色	黒
好きなもの	チームワーク オリバー ガールスカウト	自然 ハイキング	ジェームズ チップ チョコレート	他者と協力 お絵かき 友達との遊び
嫌いなもの	威張っている人 いじめっ子	弟 頑固な男の子	言い争い	汚いもの キューピッド
特技	計画 目標設定 リーダーシップ 清書	計画 コミュニケーション	人前でのスピーチ 仲裁	スケッチ 整理

他の子

	シャーロット ヨハンセン	エドワード スミス	サミュエル （サミー） スミス
年齢	10 才	11 才	10 才
身長	122cm	152cm	124cm
目	青	茶	青
髪	金髪	茶	金髪
好きなもの	ゲーム 友達づくり テレビ出演	パソコン 引きこもり ブランコ	木登り 自転車レース ジャンプ、坂道探検
嫌いなもの	病気に苦しむこと	高いところ、リスク	規則

各メンバーの詳細は、以下のページでも見ることができます。

http://www.projectkidsadventures.com/project_team

用語集

アカウンタビリティ（説明責任）

各作業の責任者は、その作業が正しくおこなわれたことを確認しなければなりません。シャーロット救済プロジェクトでは、何人かでする作業もありましたが、必ず各作業の主担当を決めてアカウンタビリティの所在を明確にしました。作業を委任した場合、そのタスクの実行と結果は委任された担当者の責任になりますが、説明責任まで委任することはできません。

支援者（アドボケータ）

支援者（チャンピオンとも言う）は、プロジェクトの意義に共感して、それをみんなに伝え、その実現を積極的に助けてくれる人です。特にプロジェクトに対する抵抗が強い場合にはとても重要で、コミュニケーションが得意、特定分野の知識が豊富、一緒にいて楽しい人が向いています。支援者はコネを使って多くの人にメッセージを伝えて、協力者を増やしてくれます。バレンタインプロジェクトでは、たくさんの人に飾りやクッキーを作って来てもらったり、パーティに参加してもらわなければいけなかったので、支援者が欠かせませんでした。支援者の反対は敵対者（アンタゴニスト）です。

敵対者（アンタゴニスト）

支援者が積極的にプロジェクトを助けてくれる一方で、敵対者はそれを邪魔して阻もうとします。主催者になれずダンスパーティを妨害しようとしたニキビ顔のピートは敵対者の例です。

予算

予算とはプロジェクトで使う予定のお金のことです。収入が期待できる場合もありますが、ほとんどの場合プロジェクトの成功に必要な「使う」予定のお金を指します。

変革マネジメント

人になにか新しいことをしてもらったり、これまでのやり方や考えを変えてもらうの大変なことです。変化は日常的に起こりますが、一般的に人はそれを好みません。変革マネジメントは、多くの人を巻き込むプロジェクトではとても重要です。自分の臓器の一部を人に提供するといったことであればなおさらです。

終結段階（完了）

プロジェクトの終了。プロジェクトで実現したかったことがすべて完了できたか確認します。

コミュニケーション計画

適切な人に、適切なタイミング、頻度、方法で情報を伝える準備をすることです。

並列作業

同時にやらなければいけない作業のことです。

コントロール段階（確認と修正）

計画通りにいっているかを確認し、予定をはずれたり、なにか邪魔が入った場合はなんらかの修正をします。作業に必要なものがそろっているか？チームのメンバーが仲良くやっているか？等も確認します。プロジェクトマネージャーはこれにかなりの時間を費やします。

クリティカルパス

ネットワーク図の各作業の見積もり期間を足した時

に一番長くなる経路のことです。

権限移譲

誰かに何かをしてもらうよう任せることです。プロジェクトは大抵自分だけですべてをできないので、作業の一部を他の人に任せざるを得ません。これにはリーダーシップスキルが必要ですが、作業を適切におこなうには適任者を選ぶ必要があります。たとえば、アリスは絵が上手なので前のプロジェクトで絵はほとんど彼女に任されました。

成果物（デリバブル）

プロジェクトで達成または作成するものです。規模の大小を問わず何らかの形で結果を見たり評価できるものです。コミュニケーション計画、投稿メッセージ、ビデオなど主な作業が終了した時に作られる場合があります。

依存関係

ある作業が別の作業を終了するまで開始できない場合、作業間に依存関係が存在します。A→B と書いた場合、B は A に依存し、A が完了するまでBは開始できません。

期間

ある作業にかかる時間のことです。これからおこなう作業であれば見積もり期間、終了した作業の場合は実績期間となります。

見積り期間

何かをやるのに必要だと思われる時間のことです。

実行段階（実施）

プロジェクトの作業を実際におこなう段階で、構築作業のほとんどがここで実施されます。

費用

プロジェクトで使うお金のことです。ダンスパーティでは、飾りつけや会場で販売する食事や飲み物のためにお金が必要でした。

外発的動機付け

特定の行動をとらせるために外から与える要因のことです。たとえば、食事、お金、自由時間、特別な待遇のような報酬で他者が認識できます。報酬だけでなく「言うことをきかないと言いつけるぞ」といった罰も含みます。外発的動機付けは、長続きせず報酬を受け取ってしまうとその行動を止めてしまうことが多いと言われています。

ガントチャート

タスク、スケジュール、リソース、依存関係などのプロジェクト計画を 1 枚の絵で表現する方法です。プロジェクトの活動を時間軸に沿って表現する最も一般的な方法です。

収入

プロジェクトで得るお金のことです。ダンスプロジェクトでは事前にチケット販売で収入を得ました。そして会場でも食べものや飲み物を販売しました。

影響力

影響力は、他者の行動や考え方に影響を与える力です。親やロックスターなど影響力のある人をお手本としてその人のまねをしようとします。いい影響力と悪い影響力があります。悪い影響は、盗みや未成年の喫煙など悪いことを促すような力です。いい影響力は人助け、正直、定期的な運動など、一般的にいいと思われていることを促す力です。

立上げ段階（構想）

ここでは、達成したいこと、つまり「ツリーハウスを建てたい！」とか「ハロウィンの展示を作りたい！」のように自分たちがやりたいことを考えます。

内発的動機付け

自分自身が心の底から「そうしたい」と思う要因のことです。これは他者からは見えません。本人だけがわかるやりがいのようなもので、たとえば、目標を達成したり、何かがうまくできたときの満足感や充足感などです。内発的動機付けは一般的に、外発的動機付けより長続きします。臓器提供者になるには高いレベルの内発的動機づけが必要でしょう。

教訓セッション

プロジェクトの最後に（途中でも）うまくいったこと、いかなかったことをチームで話し合って、次回をより良くするためのアイデアを考えます。

モチベーション（動機）

あることをしたり、特定の行動をとる理由のことです。子供たちは、みんなが「シャーロットを助けたい！」と思えるようなメッセージを作るのに苦労しました。

計画段階（計画）

シャーロットを助けるには何がいるか？どうやってやるか？など、何をどうやるかを具体的に把握して決めます。

可能性

何かの起こりやすさです。高いものから低いものまでありますが、高額な宝くじに当たる可能性はとても低いです。

プロジェクト

ゴールと開始／終了を定義しておこなう有期的な活動です。

プロジェクトマネジメント

プロジェクトの要求を満たすために、プロジェクト活動に、知識、スキル、ツール、テクニックを適用することです。

プロジェクトスポンサー

プロジェクトを支援しその実施を承認する人です。スポンサーは通常、予算やスコープなどプロジェクトのガイドラインを示し、プロジェクトの重要な意思決定をおこないます。

品質コントロール

どのプロジェクトでも、成果物が安全面やその他の観点で正しく作られているかを確認することが重要です。ツリーハウスプロジェクトでは親たちが安全検査をおこない、子供たちは上の階を作る前に、下の階の安全検査を行いました。バレンタインプロジェクトでは、スーザンは選曲の品質チェックをする責任がありました。

要求

プロジェクトの結果として何が欲しいかを示したものです。科学フェアプロジェクトでの要求のいくつかは、先生から提示されました。

リソース

プロジェクトを完了するために必要な材料、道具、人、またはお金のことです。科学フェアプロジェクトでは、8人の子供たちがいました。彼らは、迷路用の木材、時間を測る道具、タブレットとロボットなどを使いました。これらはすべてリソースの例です。

責任

作業を割り当てられている人がそのワークの一翼を担います。これは、自分たちのプロジェクトの一部、またはチームの一員としておこないます。ジェームズはスーザンから選曲の任務を任されたので、その作業の責任を負いました。しかしその作業はもともとティムからスーザンに割り当てられていたので音楽に関してはスーザンが最終責任を負います。

リスク

プロジェクトで、まだ起こっていないけど、起こるかもしれない、いいことや悪いことです。通常、リスクの大きさは、起きる可能性と起こった時の影響で評価します。確率は「きっと起こる」「起こるかも」「起こりそうもない」「まず起こらない」のように予測します。起こった場合の影響は、プロジェクトの目的達成への影響を考えます。既に起こってしまったものは、リスクではなく問題や機会となります。

リスクの影響

リスク事象（機会や問題）が起きると、その影響は「とても良い」「良い」「悪い」「とても悪い」のように評価できます。

うわさ

言いふらされている本当ではない話や意図的につかれたウソのことです。うわさには「有名人が街に来る！」のような無害なものもありますが、他人を傷つけるために意図的に流されるものもあります。自分からうわさを流したり、他人から聞いた怪しい話を他の人に拡散するのも良くないことです。

スコープ

プロジェクトでやろうとしていることすべてです。通常、ワークブレイクダウンストラクチャで表現します。「ツリーハウスを作る」や「お化け屋敷を作る」などの大きな目標から始めて、徐々に詳しくしていくことでプロジェクトで達成しようとしていることを誰にでも分かりやすく表現できます。たとえば、「8人収容できるだけの足場を備えたツリーハウスを作る」とか「ガレージ、地下室、裏庭を使って怖しいお化け屋敷を作る」などです。

シーケンス

作業をおこなう順番です。たとえば、AはBの前に、BはCの前に実施するならば、A→B→Cと表せます。

スキル

「木に登る」「ロープを結ぶ」などのやり方を知っていて、それができることです。

ステークホルダー

プロジェクトの成果に関心があり、利益や影響を受ける人のことをステークホルダーと言います。ピート、シャーロット、その家族は、プロジェクトの結果の影響を直接受ける主要なステークホルダーです。そのほか、病院、ドナー候補、シャーロットを助けたいと思っている人たちもステークホルダーです。

〆切目標

タスクやプロジェクト全体を終わらせなければいけない時期のことです。子供たちは病院での復活祭の準備をイースターの日までに完了しなければいけませんでした。

タスク

「情報の収集」「ウェブサイトの設定」「メッセージ

の作成」のように、プロジェクトの特定の部分を完了するための課題や活動のことです。

変数

「ダンスに何人来るか？」「クッキーや飾りを何人が持ってきてくれるか？」など、知りたいけど計画段階ではわからないものです。最初は正確な数値がわからず、時間とともに変化する可能性があります。

ビジョン

「ツリーハウスを建てる」「絵を描く」「お化け屋敷を作る」など、自分がやろうとしていることの全体像です。

ワークブレイクダウンストラクチャ

やるべき作業を概要レベルからより詳細なレベルまで階層的に記述した木構造の図です。

プロジェクトマネジメントの考え方

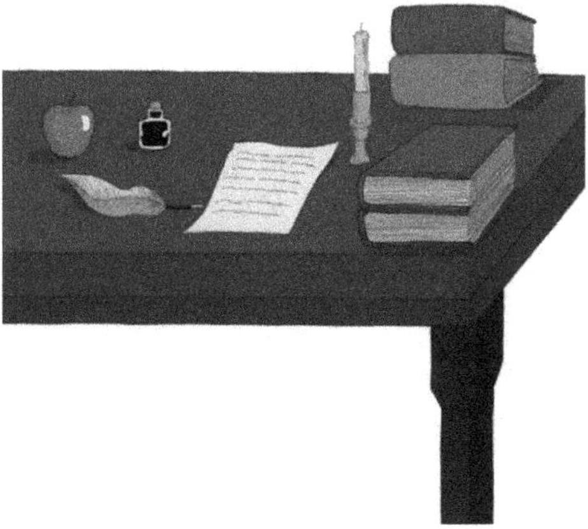

第 1 巻でアマンダのパパはあらゆるプロジェクトに共通する段階について説明してくれました。プロジェクトキッズたちは、多くのプロジェクトの経験をしてきましたが、いつも基本に立ち返ることが大事です。プロジェクトには 4 つのメインフェーズと全体にまたがるもう一つのフェーズがあります。

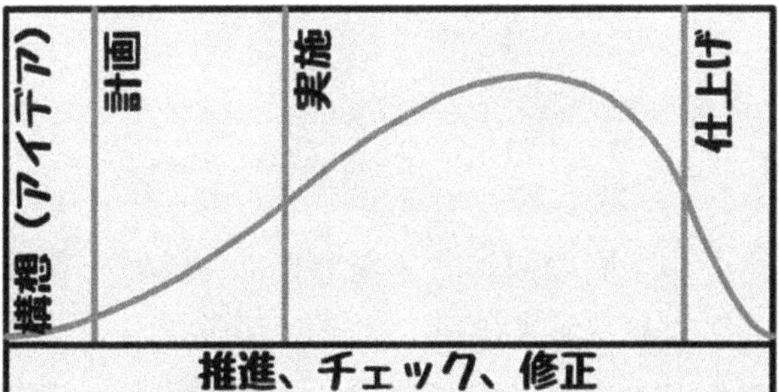

プロジェクトの各フェーズは、物語の以下の章に対応しています。

構想	6-8 章
計画	9-12 章
実施	13-17 章
仕上げ	18-19 章
確認と修正	9-12、14、16 章

計画

子供たちは計画フェーズでブレインストーミングをおこない、その後実施する作業を記した WBS を作成しました。

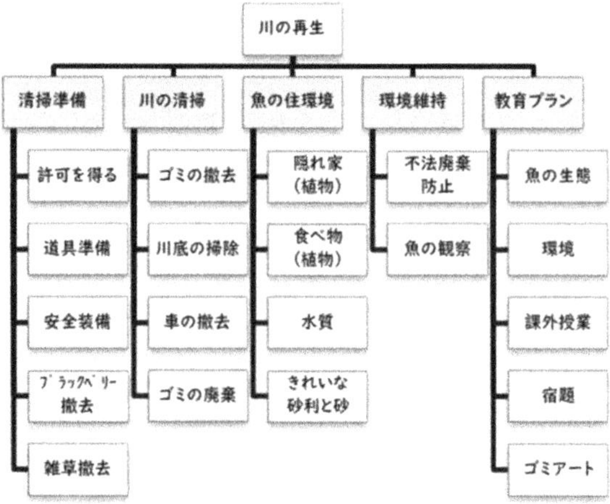

それから各作業間の依存関係を考えて作業順をきめます。このプロジェクトは、お化け屋敷やバレンタインのダンスパーティの時と同じように並行してで

きる作業があります。これをネットワーク図に書くことで、作業順が明確になり、事前に準備をしたり適切なタイミングで作業できます。

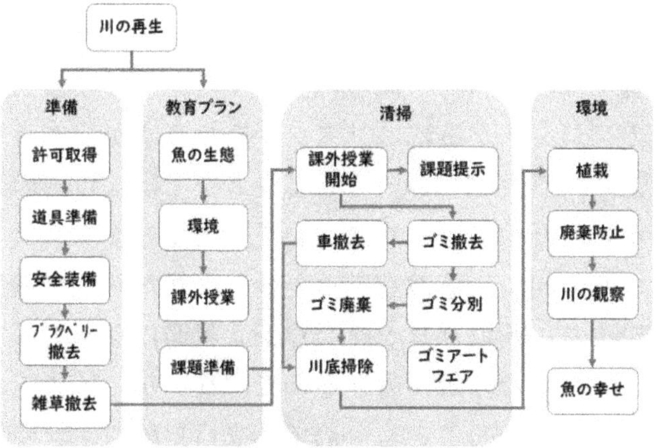

進捗管理

本書では、物語の進行をカレンダーで確認できるようにしてあります。カレンダーには、現在の日付とプロジェクトのフェーズか示されています。

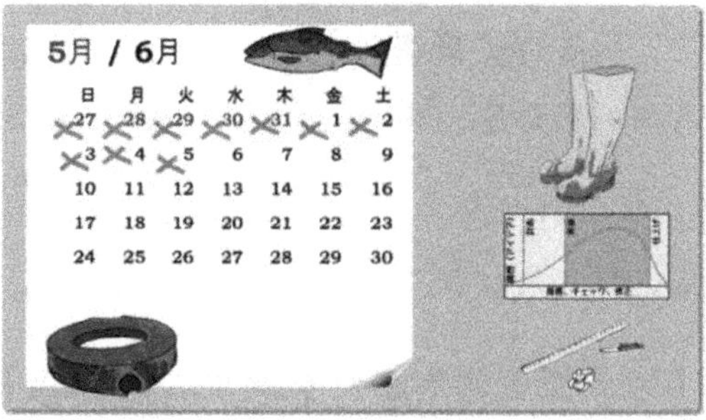

実際のプロジェクトでもカレンダーを使って時間経過を視覚的に示して意識しやすくすることが大事です。

リスクマネジメント

本書では、リスクの概念について考察しています。どのプロジェクトにはリスクがありますが、本書では、リスクとは何か（そしてリスクではないものは何か）とその管理方法について考えています。サミュエルの川での事故をきっかけに、親たちの過剰反応により、街は「ロックダウン」状態になってしまいます。また事故が起きるのではないかと怖れて、普段やっていることもやめてしまったのです。サミーのパパが学校で説明してくれたように、それはリスクの間違った捉え方です。リスクには多くの要因がありますが、重要な点は次のとおりです。

- 起こりうる何か（リスク事象）
- 起こる可能性（確率）
- 起こった場合の影響（重大度）
- 起こる可能性や影響の低減策（予防と軽減）
- リスクへの対応（受容、転嫁、低減、回避）

ベンは、夕食のとき、マッシュポテトとエンドウ豆を使ってこれをママに説明します。

リスク事象の発生確率がマッシュポテトの円の大き

さ（パイのスライス）、リスク事象をエンドウ豆で表し、スライスが小さいほど、リスクに遭遇する可能性が低くなります。

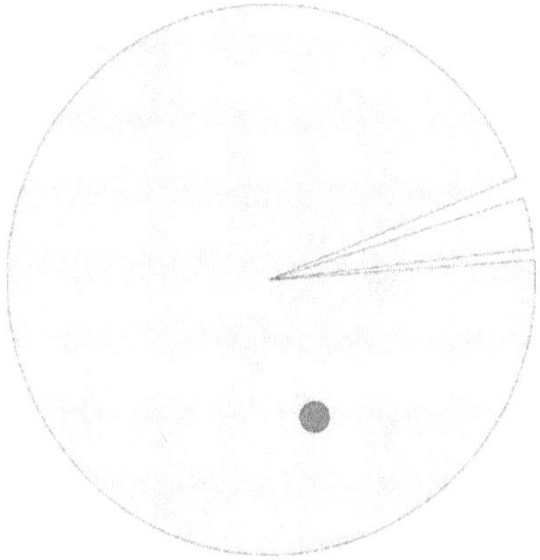

リスクが発生した場合の影響（重大度）は、軽いものから重大なものまで幅があります。

可能性と重大度に 1 から 3 の数字を割り当てて期待値（可能性×重大度）について説明しています。このような簡単な数字を割り当てることで、起きたらひどいことになるけど起きる可能性は低いなら全体のスコアはそれほど高くないことを示すことができます。必要に応じてリスクの可能性を減らす予防対策やリスク発生時の重大度を減らす発生時対策を講じます。可能性と重大度が高く、適切な低減策もない場合には、回避（プロジェクトの目的の一部をあきらめる）策を取る場合もあります。

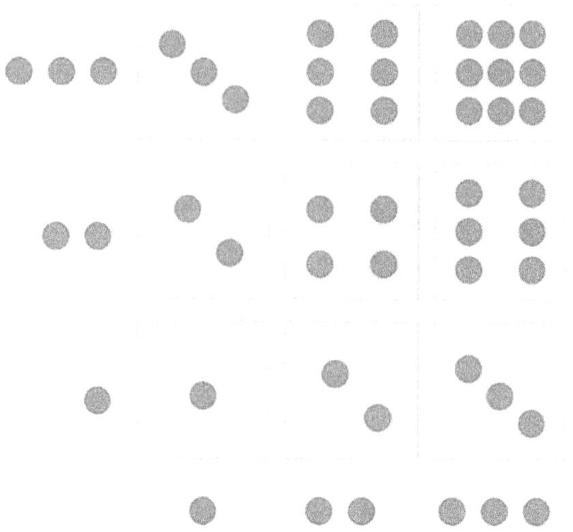

縦軸：確率（1―3）、横軸：重大度（1―3）

プロジェクトのリスクは、以下のような表にまとめて管理します。

リスク	可能性	重大度	影響	予防	是正
川に落ちる	中	中	濡れて風邪をひく、助けがなく溺れる	川の近くで遊ばない	救助
ﾌﾞﾗｯｸﾍﾞﾘｰのﾄｹﾞで怪我	高	中	切り傷	ﾌﾞﾗｯｸﾍﾞﾘｰの伐採、長袖、長ズボン、長靴、手袋	救急箱
障害物で足を怪我	中	中	釘を踏んで切り傷	長靴、足元注意	救急箱や医者

転んで谷に落ちる	中	中	切り傷や骨折	昇降ロープ、はしゃがない	救急箱や医者

リスクはどれも可能性です。リスクが起きることを前提に過剰に恐れる必要はありません。実際に起きるか起きないかは誰にも判らないのです。潜在的なリスクを認識し、安全な行動をとるなど、悪いリスクを避けながら（予防）、人生を楽しみましょう。少しの計画や準備（リスク発生時の対策）が大きな結果の違いを生む場合があります。

その他の概念

物語の中には以下のプロジェクト概念も含まれています。

- コミュニケーション（10,15,18 章）
- 変更管理（14,15,16 章）
- リーダーシップ（8 ,9,10,11,12,14,15, 16,17,18 章）
- 教訓（18 章）
- 要求（8 ,9 章）
- リソース管理（8,9,10,13,17 章）
- リスク管理（5,6,7,11,13,16,17 章）
- ステークホルダー管理（9,10,15,16,18 章）
- 人的資源管理（8 ,9,10,12,13,16,17 章）

PMI 教育財団コンテンツ

Web サイトでアカウント登録をすれば、どなたでも以下の日本語版を無料でダウンロードできます。

未来からのプロジェクト（小学生向け教材）

https://pmief.org/library/resources/projects-from-the-future-kit-for-primary-school

中学生向け教育カリキュラム

https://pmief.org/library/resources/project-management-toolkit-for-youth

学生のためのプレゼンテーションガイド

https://pmief.org/library/resources/student-presentation-guide

学生のためのリーダーシップガイド

https://pmief.org/library/resources/student-leadership-guide

人生プロジェクトのマネジメント

https://pmief.org/library/resources/managing-lifes-projects

タワーゲーム

https://pmief.org/library/resources/tower-game

著者について

ゲイリー・M・ネルソン、PMP
（ニックネーム：ガッツァ）

私は、プロジェクトマネージャーであり、3人の男の子の父親です。1989 年からカナダ、米国、香港、台湾、ニュージーランドでプロジェクトに取り組んできました。

私は人にものを教えたり、話したり、物語を書いて読んでもらうことが大好きです。だから、本シリーズの執筆も本当に楽しみました。読者の皆さんに気に入ってもらえると嬉しいです。

イラストレーターについて

僕はラファエル・シルバ、なんと、ポルトガル人です！小さい頃は自分を表現するのが苦手だったので、絵ばかり描いていました。普通に話せるようになってからも絵は続けていて、前よりはかなり上手になったと思います。僕の絵は、最高でも最低でもなく、まあまあですが、描くのは大好きです。映画も好きで、お気に入りは？と聞かれたら迷わず、ロード・オブ・ザ・リングと答えるでしょう。僕は17才で両親と妹と一緒にリスボンに住んでいます。普通の高校でデザインを勉強しています。もっと言いたいことがあるけど、もう時間切れ、絵が僕を待っているから！

訳者について

わたしも著者のゲイリーさんと同じく 3 人の男の子の父親です。長年アメリカの会社でプロジェクトマネジメントの仕事をしてきました。そしてこの 10 年ほどはそれを教える仕事をしています。でも子供にプロジェクトの楽しさを伝えるのは難しいとずっと悩んでいました。ですからこの本に出合ったときは、本当に目から鱗が落ちました。こんなにワクワクドキドキできるプロジェクトマネジメントの教科書があったなんて！それから、もっとたくさんの子供たちにこの本を読んでもらいたいと夢中で翻訳をしました。ですからこの本を読んで「おもしろい！」と思った人は是非友達にも教えてあげてください。

PMI 教育財団 Japan Liaison
伊藤衡（いとうこう）

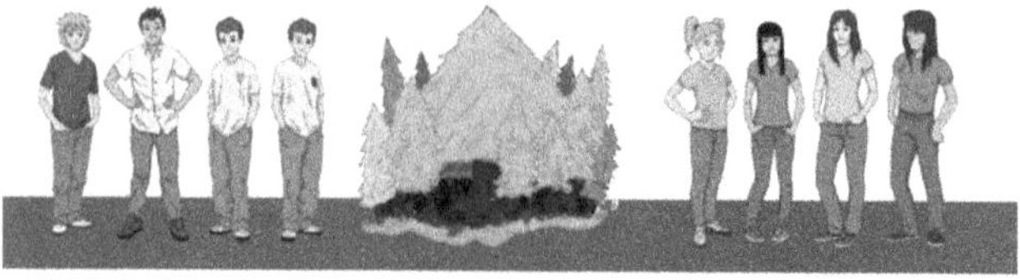

プロジェクト・キッズ・アドベンチャー

#1 究極のツリーハウスプロジェクト
#2 怖すぎるお化け屋敷プロジェクト
#3 驚異の科学フェアプロジェクト
#4 バレンタインプロジェクトの災難
#5 イースターのいじめっ子更生プロジェクト
#6 偉大なる河川再生プロジェクト
※印刷版と電子版があります。

ウェブサイト
http://www.projectkidsadventures.com/books-japanese
フェイスブック
https://www.facebook.com/projectkidsadventures/
ツイッター
https://twitter.com/ProjectKidsAdv/
YouTube
http://www.youtube.com/user/ProjectKidsAdventure
著者の FB ページ
https://www.facebook.com/garymnelson.author
著者のメールアドレス
projectkids@gazzasguides.com

待望のマンガ化決定！

2021 年中旬、各国語版で同時出版予定

CPSIA information can be obtained
at www.ICGtesting.com
Printed in the USA
BVHW072040010321
601385BV00002B/111

9 780995 136847